Friedrich P. A. R. Martiny

**Der Grundbesitz des Klosters Corvey in der diöcese Osnabrück**

Friedrich P. A. R. Martiny

**Der Grundbesitz des Klosters Corvey in der diöcese Osnabrück**

ISBN/EAN: 9783743420373

Hergestellt in Europa, USA, Kanada, Australien, Japan

Cover: Foto ©ninafisch / pixelio.de

Manufactured and distributed by brebook publishing software (www.brebook.com)

Friedrich P. A. R. Martiny

**Der Grundbesitz des Klosters Corvey in der diöcese Osnabrück**

# Der Grundbesitz des Klosters Corvey

## in der Diöcese Osnabrück.

---

## Inaugural-Dissertation

zur

Erlangung der Doktorwürde

der

hohen philosophischen Fakultät der Universität Marburg

vorgelegt von

**Rudolf Martiny.**

aus Bad Liebenstein in Sachsen-Meiningen.

---

Marburg i. H.
1895.

Als Dissertation angenommen am 26. März 1895.

# Der Grundbesitz des Klosters Corvey in der Diöcese Osnabrück.

## Der Grundbesitz des Klosters Corvey im Sächsischen Nordlande.

Nachdem Karl der Große mit Waffengewalt den Sachsenstamm dem Christentum zugeführt hatte, galt es, mit aller Energie dahin zu wirken, der neuen Religion auch in den Herzen des unterworfenen Volkes Eingang zu verschaffen. Karl selbst hatte nach dem Muster der angelsächsischen Mission durch Errichtung von Missionszellen und Bistümern und durch strenge Unterordnung des Klerus unter die Bischöfe dieses Ziel zu erreichen gesucht. Doch hatte er auch die Kräfte des Mönchtums für seine Zwecke zu verwenden gedacht. Er hatte junge sächsische Edele fränkischen Klöstern übergeben, gewiß in der Absicht, daß sie die dort gewonnenen mönchischen Ideale später in ihrer Heimat verbreiten sollten. Zu der Begründung eines Klosters im Sachsenlande kam es indessen erst nach seinem Tode. Wala, der Abt des Klosters Corbie bei Amiens, stiftete es 815 zu Hethis im Sollingwalde. Dieser Ort war aber ungünstig gewählt, und die junge Pflanzstätte asketischer Frömmigkeit wollte nicht recht gedeihen. Um so schneller war ihr Aufschwung nach 822, nachdem sie von Kaiser Ludwig den Königshof Höxter an der Weser erhalten hatte und dorthin verlegt war. Die nova Corbeja, Neu=Corvey, erhob sich bald zu dem centralen Kloster für den gesamten Sachsenstamm, und sein Patron, sanctus Vitus, galt als der Schutzheilige aller Sachsen. Die Macht dieses Klosters stieg so hoch, daß sein Abt zu den Fürsten des Reiches gezählt wurde und im Rate des Kaisers eine einflußreiche Persönlichkeit war.

Die Grundlage dieser fürstlichen Stellung war sein gewaltiger Grundbesitz, den ihm Fürsten und Privatleute wetteifernd vermacht hatten. Auf dem Grundbesitz basierte damals alle Macht. Die Bischöfe und Klöster, Herzöge und Grafen und ebenso der König waren in erster Linie Großgrundbesitzer. Das mobile Kapital hatte bis in die Kreuzzugszeit noch gar keine Bedeutung; erst dann erwuchsen einflußreiche Städte. Die Gewinnung von Land und von Leuten, die von dem Grundherrn darauf angesiedelt und vermöge dieser Abhängkeit geeignete Werkzeuge waren, um dessen Interessen zu vertreten, war dagegen der sichere Weg zur Erlangung von Ansehen und Einfluß.

Die fränkischen Herrscher, die in dem Corveyer Kloster eine Stütze ihrer Macht im Sachsenlande erblickten und seinen Einfluß zu heben sich bemühten, statteten es deshalb gerade mit Land aus. Und jeder Laie, der für sein Seelenheil fürchtete und von der Fürbitte der frommen Mönche eine Verkürzung der Qualen des Fegefeuers erhoffte, gab dafür gern Teile seines Besitzes, also Land, an das Kloster. So erwuchs durch eine große Zahl von Schenkungen an großen und kleinen Landgütern ein gewaltiger, durch ganz Sachsen zerstreuter Corveyscher Grundbesitz. Die Hauptmasse lag nahe bei dem Kloster; doch auch in Niedersachsen, Westfalen und Hessen, ja sogar in Würtemberg, befanden sich bedeutende Corveysche Besitzungen.

Ein wichtiger Teil des Klosterlandes lag aber auch in

dem entlegenen, von dürftigen Mooren und Haiden bedeckten, jetzt wenig bevölkerten Flachlande zwischen der mittleren Ems und Hunte, dem sogenannten sächsischen Nordlande, das damals zur Osnabrücker Diöcese gehörte, jetzt die preußischen Kreise Aschendorf, Meppen, Lingen, Hümmling, Bersenbrück und Diepholz und das südliche Oldenburg begreift. Dort war Corvey der bedeutendste Grundbesitzer, und die Zustände auf seinen Besitzungen gewähren das beste Bild von den ländlichen Verhältnissen des Nordlandes im Mittelalter. Diese Landschaft ist eine der abgeschlossensten in Norddeutschland und besitzt darum mancherlei eigenartige Züge. Denn unzugängliche Moore umgürten und durchziehen es. Keine vielbegangene Handelsstraße führte ihm neue Ideen und Einrichtungen zu. Seine Flüsse sind klein und wenig vom Verkehr benutzt. Noch heute ist deshalb keine wichtige Stadt in diesen Gegenden erwachsen. Auch für Ackerland ist wenig Raum zwischen den Mooren und sandigen Haiden, und dürftige Frucht entsprießt diesen mageren Äckern. Trotz dieser Hemmnisse des Wohlstandes und Verkehres zeigen die Zustände auf den dortigen Corveyschen Besitzungen wenig Eigenartiges. In allen wichtigeren Zügen gleichen ihre Verhältnisse denen, die allgemein im Sachsenlande herrschten.

Die Begründung des Corveyschen Grundbesitzes in diesen Nordlandgegenden vollzog sich im Wesentlichen schon in dem ersten Menschenalter nach der Verlegung von Neu-Corvey auf den Königshof von Höxter (822). Schon in den ersten Jahren hiernach fühlten sich auffallend viele angesehene Männer dieses Landes gedrungen, einen Teil ihres Besitzes den gottseligen Mönchen zu vermachen, um dafür deren Gebet für ihr und der Ihrigen Seelenheil zu erlangen.[1]) Es ist

---

[1]) Die Schenkungen an das Kloster Corvey bis 1037 wurden, soweit darüber nicht besondere Urkunden sich ausgestellt finden, notiert

ein deutlicher Beweis für den großen Eindruck, den diese Klostergründung überall bei dem Sachsenvolke hervorrief, daß sogleich selbst in diesem entlegenen Landstrich die beladenen Gewissen in der Fürbitte der Mönche einen Rettungsanker für die Ewigkeit erblickten. Und ebenso drückt sich hierin sichtbar aus, wie schnell sich die Herzen der Sachsen nach ihrer Unterwerfung durch den großen Frankenkaiser dem neuen Glauben zuwandten, selbst hier, wo die weiten Moore und Haiden sichere Schlupfwinkel für die Verehrer der alten Götter darboten. Manche Leute schenkten dem Kloster ihren ganzen Besitz an einem Orte oder eine Hufe, andere Landstücke von bestimmter Größe von 70 Morgen (jugera) herab bis zu einem jurnale,[1]) und meist wurden zugleich die das Land bebauenden Hörigen vermacht. Auch Waldparzellen erhielt das Kloster. So schnell indessen der Schenkungseifer aufgeflammt war, so bald trat auch der Rückschlag ein. In den ersten Jahren nach 822 erhielt Corvey verhältnismäßig

---

auf einer Rolle, deren Original leider verloren ist, von der aber eine im Jahre 1479 von dem Mönche Johannes genommene Abschrift sich erhalten hat. Druck von Wigand: Traditiones Corbejenses, Leipzig 1843 (künftig zu citieren trad. Corb.). Die auf unsere Gegenden bezüglichen Schenkungen auch im Osnabrücker Urkundenbuch Nr. 8—12, 19—29, 61—71, 136. Die Reihenfolge und Chronologie der Schenkungen wurde festgestellt von H. Dürre, Programm des Gymnasiums zu Holzminden 1877 und Zeitschrift für Westfalen, Band 36 und 41.

[1]) Mit Lamprecht Deutsches Wirtschaftsleben im Mittelalter I, S. 345 das jugerum (Morgen) und jurnale (Tagwerk) für identisch zu halten, ist wenigstens für unser Gebiet nicht möglich; unsere Quellen unterscheiden deutlich diese Begriffe. Inama-Sternegg Deutsche Wirthschaftsgeschichte I. S. 526, nimmt das jurnale für ein halbes jugerum an, während nach Schröder, Lehrbuch der deutschen Rechtsgeschichte, 2. Aufl., S. 210, Anm. 13, das jugerum umgekehrt in der Regel nur ein halbes jurnale bedeutet. Wigand, Die Dienste (Hamm 1826), S. 23, will darin Wiesengrundstücke sehen.

die zahlreichsten Gaben; dann nahm die Zahl der Schenkungen langsam, aber stetig ab. Während aus den 14 ersten Jahren des Bestehens unseres Klosters schon 5 Schenkungen aus dem Nordlande bekannt sind, finden sich aus den folgenden 55 Jahren, 836—891, nur 11 und aus den 146 Jahren 891—1037 auch nur 11 Schenkungen.

Diese Schenkungen von Privaten hätten dem Kloster indessen keinen großen Grundbesitz eingebracht. Durch sie erhielt es nur eine geringe Zahl über das ganze Nordland zerstreuter Bauerngüter. Der spätere ausgedehnte Besitz scheint durch zwei königliche Schenkungen begründet zu sein, nämlich durch die der Missionszellen Meppen[1]) und Visbeck[2]) (834 und 855), also schon bald nach der Errichtung des Corveyer Klosters. Daß die nachmaligen Corveyschen Güter vordem zu Meppen und Visbeck gehörten und mit diesen an das Kloster übertragen wurden, ist allerdings nirgends ausdrücklich gesagt; doch mancherlei Anzeichen sprechen dafür. Diese Missionszellen waren wohl schon von Karl dem Großen zu dem Zwecke begründet worden, um das Christentum in jenen Gegenden auszubreiten, und die dortigen Mönche haben offenbar das Beste dazu gethan, ihm Eingang zu verschaffen. Daß diese Wirksamkeit ihnen mancherlei Landbesitz eintrug — sie erhielten dadurch offenbar auch die Zehnteneinkünfte aus fast dieser ganzen Gegend[3]) — ist für gewiß anzunehmen, und für Visbeck ist Grundbesitz im Lerigau, Hasegau und Fenkigau schon aus dem

---

[1]) Osnabrücker Urkundenbuch Nr. 17, Mühlbacher Regesta imperii I. Nr. 906. Wilmans Kaiserurkunden der Provinz Westfalen Nr. 16.

[2]) Osnabr. U.-B. 37, Mühlbacher Reg. imp. I 1371, Wilmans K.-U. I, 30.

[3]) Osnbr. U.-B. Einleitung S. XI.

Jahr 819 urkundlich bezeugt.¹) Daß sie beide über eine
Menge von Landgütern verfügt haben müssen, ist überdies
aus den Urkunden ersichtlich, durch die sie dem Corveyer
Kloster übertragen wurden. Diese verraten deutlich, daß
diese Schenkungen eine gewaltige finanzielle Kräftigung
Corveys bedeuten; und daß dieser Machtzuwachs eben in
Landerwerb besteht, ersieht man aus der Anwendung der
für Landbesitz üblichen Formel: cellulam .... cum omnibus rebus ... id est basilicis, domibus ceterisque
aedificiis, terris, pratis, silvis, campis, aquis aquarumque
decursibus, cultis locis et incultis, mobilibus rebus et
immobilibus, mancipiis diversi sexus et aetatis ...

Die Missionszelle Visbeck hatte schon 819 für ihre
Besitzungen Immunität erhalten, und sie wurde ihr 855 zugleich mit ihrer Überweisung an Corvey bestätigt und auch
auf ihre künftigen Erwerbungen ausgedehnt, sodaß die auf
ihren Besitzungen ansässigen Leute von der weltlichen Gerichtsbarkeit eximiert und allein dem Kloster unterstellt
waren.²) Die Missionszelle Meppen erhielt 946 dieses Vorrecht nur für die beiden Bauerschaften Meppen.³)

So war schon um die Mitte des 9. Jahrhunderts der
große Corveysche Grundbesitz im Nordlande entstanden. Doch
wie er im 9. und 10. Jahrhundert beschaffen war, aus was
für Landgütern er sich zusammensetzte und in welchen Verhältnissen die darauf angesiedelten Menschen lebten, darüber
giebt uns keine Quelle Auskunft. Es liegt daher über der Corveyschen Gutswirtschaft des Nordlandes in den ersten Jahrhunderten ihres Bestehens ein tiefes Dunkel, bis endlich im

---

¹) Immunitätsprivileg für Visbeck, Osnabr. U.-B. 7, Mühlbacher Reg. imp. I, 681, Wilmans K.-U. 5.
²) Osnabr. U.-B. 7, 37, Mühlbacher Reg. imp. I, 681, 1371, Wilmans K.-U. I, 5, 30.
³) Osnabr. U.-B. 89, Sickel Mon. Germ. DD. Otto I 77.

11. Jahrhundert ein sorgfältig abgefaßtes Heberegister Licht darauf wirft und hierdurch das 11. Jahrhundert die Zeit wird, deren Einrichtungen auf den Klostergütern am besten zu erkennen ist. Denn dieses Verzeichnis der Corveyschen Gutseinkünfte ist das einzige, welches sämtliche Klosterhöfe des Nordlandes einzeln aufführt und die Größe der vom Kloster selbst durch Leibeigene bewirtschafteten Güter, der Salhöfe, und teilweise auch die der zinspflichtigen Bauern vermerkt. Aus den späteren Heberegistern, zweien aus dem Ausgang des 12.[1]) und zweien aus dem 14. Jahrhundert,[2]) erfährt man allein die Einkünfte des Abtes und des Probstes, nichts jedoch über die der übrigen Mönche oder die Besitzungen, aus denen diese flossen. Überdies werden hierin die Klostergüter, die dem Abt und Probst zu steuern hatten, nicht einzeln angegeben, sondern nur die Curien, jene größeren Wirtschaftsgemeinschaften, die seit dem Ausgang des 11. Jahrhunderts die Salgüter mit den umliegenden Bauernhöfen zusammenfaßten. Die Größe der Klostergüter endlich, die uns allein einen Begriff von deren Bewirtschaftung und von den Lebensverhältnissen der darauf wohnenden Menschen zu geben vermag, wird in keinem der späteren Heberegister genannt. Allein für das 11. Jahrhundert kann man also die Größe des gesamten Corveyschen Besitzes im Nordlande, den Umfang der einzelnen Güter, ihre Lage und

---

[1]) Ein Abtsregister, gedruckt in Kindlingers Münsterschen Beiträgen zur Geschichte Deutschlands, hauptsächlich Westfalens, Bd. II, Münster 1790, Urkundenbeilage S. 221 ff., soweit auf das Nordland bezüglich auch im Osnabr. U.-B. 379 und ein Probstregister, gedruckt in Wigands Archiv für Geschichte und Altertumskunde Westfalens, Bd. II, Hamm 1827, S. 136 ff., die Nordland - Besitzungen auch in Osnabr. U.-B. 418.

[2]) Zwei Probstregister, eins in Msc. I, A. 134, S. 287 ff. des Staatsarchives Münster, das andere ebenda S. 284 ff.

Gruppierung um lokale Centren erkennen und fernerhin die Vermögenslage und die damit eng verknüpfte Lebensstellung der Klosterleute sowie das Maß ihrer Belastung mit Abgaben. Für die späteren Zeiten vermag man nur in Anlehnung an die Zustände des 11. Jahrhunderts mehr oder weniger verläßliche Vermutungen über alle diese Verhältnisse aufzustellen. In den folgenden Ausführungen soll infolgedessen der Corveysche Grundbesitz so dargestellt werden, wie er nach dem Heberegister des 11. Jahrhunderts erscheint. Doch wird stets auf die Herausbildung dieser Verhältnisse in den vorhergehenden Zeiten Rücksicht genommen und ebenso sollen Ausblicke auf ihre Weiterentwicklung in der Folgezeit gethan werden. Gänzlich umgestaltet hat sich in den nächsten Jahrhunderten nach 1100 nur die allgemeine Organisation besonders dadurch, daß sich über den Zinsbauern eine lokale Zwischengewalt zwischen Bauern und Kloster, die der Meier, erhob und allmählich die Klostergüter an sich brachte. Diese Entwickelung, welche die Herrschaft über die Klosterbesitzungen in ganz neue Hände brachte, soll späterhin in einem besonderen Abschnitt betrachtet werden.

### Der Corveysche Nordlandbesitz im 11. Jahrhundert.

Die Zustände auf den Gütern des Corveyer Klosters im 11. Jahrhundert sind in erster Linie aus dem schon erwähnten Heberegister zu ersehen. Seine Urschrift ist zwar nur zum Teil erhalten, die übrigen Partien aber erkennt man aus einer im Jahre 1479 genommenen Abschrift.[1]) Daher

---

[1]) Gedruckt von Wigand in seinem Archiv für Geschichte und Altertumskunde Westfalens (künftig citiert: Wigand, Arch.) I 2, S. 8 ff. und I 3, S. 43 ff., der auf den Osnabrücker Sprengel bezügliche Teil in Osnabr. U.=B. 116. Die Paragrapheneinteilung, nach der hier citiert werden soll, ist die Wigands, die auch im Osnabrücker Urkundenbuch gegeben ist.

ist diese wichtigste Quelle mangelhaft überliefert. In §. 24 scheint ein Blatt zu fehlen, in §§. 24, 25, 29 sind Lücken, im Urtext war mancherlei nicht leserlich, der Abschreiber des 15. Jahrhunderts hat Onidun statt Gnidun verlesen und gesteht einmal nicht zu wissen, ob Hornun oder Bornun zu lesen sei. Dabei ist dieses Register offenbar nicht vollständig. Es beginnt mit item und hört mitten im Satze auf. Gerade die wichtigen Besitzungen um Corvey selbst fehlen in dem erhaltenen Text dieses Registers; dieser Teil desselben ist also gewiß verloren. Auch die Klostergüter des Nordlandes sind infolge der großen Lücke eines ganzen Blattes (§. 24) offenbar längst nicht vollständig aufgeführt. Nachdem ferner mit §. 38 die nordländischen Besitzungen abgeschlossen sind, erscheinen plötzlich mitten zwischen in anderen Gegenden liegenden Landgütern Einkünfte aus den Hümmlingsdörfern Walde, Sögel und Wiste. Wer will sagen, ob nicht auch in den verlorenen Teilen dieses Registers gleichfalls vereinzelt Höfe des Nordlandes aufgeführt waren. Jedenfalls muß man sich hüten, aus einem Schweigen dieses Registers sogleich auf ein Nichtsein schließen zu wollen.

Der größte Teil aller im Register des 11. Jahrhunderts aufgeführten Besitzungen liegt im Nordlande und ergiebt zusammen einen recht stattlichen Grundbesitz, 1043 Morgen Salland und vielleicht 4000 Morgen an 316 Bauern ausgegebenes Zinsland.[1]) Da aber ein bedeutender Teil des auf das Nordland bezüglichen Abschnittes in dem Heberegister fehlt, so muß der Klosterbesitz in diesem Landes-

---

[1]) Die 57 Höfe der §§. 11—15, in denen allein bei den Zinsgütern die Größe ihres Ackers angegeben ist, haben zusammen 746 Morgen Ackerland, jeder Hof also durchschnittlich 13 Morgen. Nimmt man bei den Höfen der übrigen Gegenden die gleiche durchschnittliche Größe ihres Ackerlandes an, so ergiebt die gesamte Ackermenge der 316 Zinsgüter 4108 Morgen. Nun zahlen aber die

teil noch größer gewesen sein. Diese Menge vom Corveyer Kloster abhängigen Landes besteht aber nicht in geschlossenen Großgrundbesitz=Massen, sondern verteilt sich auf nicht weniger als 136 Ortschaften, und die gleiche Streulage des Kloster= gutes kann man noch im 14. Jahrhundert erkennen. In vielen Bauerschaften ist dem Kloster nur e i n Hof mit 10—20 Morgen Acker zinspflichtig. An einigen Orten aber hat es im 11. Jahrhundert und offenbar auch später größere Komplexe (20—240 Morgen) auf seine eigene Rechnung bewirthschafteten Sallandes. Den größten Besitz hat es in Visbeck, nämlich 240 Morgen Salland und 19 abgaben= pflichtige Bauernhöfe.

Die meisten dieser Besitzungen des 11. Jahrhunderts wird Corvey schon seit dem 9. Jahrhundert innegehabt und auch späterhin noch behauptet haben. Trotzdem kann das nicht für jeden Einzelfall gelten. Manches wird erst kurz vor jener Zeit durch Schenkung und Kauf erworben, anderes durch Ver= kauf und Beraubung verloren sein. Auch der Vergleich zwischen den Traditionen und dem Heberegister läßt das erkennen. Häufig ist dem Kloster nach Ausweis der Traditionen an Orten Land geschenkt, wo es nach dem Register keins besitzt. Für Löningen, wo nachweislich das Kloster in späterer Zeit Land hatte, und vielleicht auch bei anderen Orten kann man den Grund in der Lückenhaftigkeit des großen Registers suchen. Aber darf man dasselbe bei allen 14 Orten thun, wo dem Kloster früher Land geschenkt ist, es im 11. Jahrhundert aber nach dem Register keines mehr besitzt? Von den 29 Orten, an

---

Bauern der §§. 11—15 durchschnittlich 11 Scheffel Roggen und 6 Scheffel Hafer, während im allgemeinen der Durchschnitt 9 Scheffel Roggen und 4 Scheffel Hafer beträgt, sodaß der wirkliche Gesamt= umfang des Zinslandes vermutlich geringer ist, als die verrechneten 4100 Morgen.

denen es Land erhalten hatte, hat das Kloster dem Hebe=
register zufolge nur an 15 Orten Besitz. Doch dieses Ver=
hältnis giebt gewiß ein übertriebenes Bild von der Häufig=
keit der Besitzwechsels. Manches dieser von Privatleuten ge=
schenkten Güter wird noch in den Lücken des Heberegisters
gestanden haben. Und wenn fünfen von den 13 Salgütern des
11. Jahrhunderts um 1200 keine Curien entsprechen, so be=
sagt dieses auch nicht viel, da wir für diese Zeit nur die
Güter kennen, aus denen der Abt und der Probst ihr Ein=
kommen erhielten. Eins der Salgüter, die in dem Register
des 11. Jahrhunderts, aber nicht in denen des ausgehenden
12. Jahrhunderts vorkommen, das in Haselünne, wird zu
Anfang des 12. Jahrhunderts als Lehen des Vogtes, des
Grafen Otto von Zütfen, bezeichnet.[1]) So wird Vergabung
zu Lehen öfter für das Kloster die Ursache des Verlustes
an seinem Besitz gewesen sein, aber auch Verkauf,[2]) Ver=
tauschung[3]) oder gewaltsame Beraubung. Ursachen der Neu=
gewinnung von Land waren vor allem Schenkungen, die
auch im späteren Mittelalter nie ganz aufhörten,[4]) ferner
Kauf[5]) und Tausch.

Trotz alledem wird im allgemeinen der Besitzstand
wohl dauernd der gleiche geblieben sein. Die meisten im Ver=
zeichnisse des 11. Jahrhunderts genannten Güter waren gewiß
auch in früherer und späterer Zeit Klosterland, und das Bild,
welches die räumliche Gruppierung der Corveyschen Besitzungen
im 11. Jahrhundert darbietet, wird auch für die nächsten Jahr=
hunderte im allgemeinen gelten können. Dem Heberegister zu=

---

[1]) Osnabr. U.=B. 226.
[2]) Westfälisches Urkundenbuch IV 3, Nr. 443, 467, 471, 505, 508.
[3]) Wilmans K.=U. Nr. 101, 271.
[4]) Vergl. Kindlinger Münsterische Beiträge II, S. 107 f.
[5]) Kindlinger M. B. II, S. 108 f.

folge lagen damals die Klostergüter in zwei scharf gesonderten Gruppen. Die kleinere war im Lerigau, wo 87 der dortigen, zwischen Haide, Weideland und Moor zerstreuten Hofstellen unserem Kloster gehörten. Die Mittelpunkte je dieser einzelnen Hofstellen sind Visbeck, Elmelage und Barnstorf, wo das Kloster selbstbewirtschaftete Sallandbesitzungen hat und wohin die Zehnten aus der Umgegend eingesammelt werden. Die Lage dieser Besitzungen rings um Visbeck, seine Bedeutung als Centralpunkt, der ausgedehnte Eigenbesitz und die besonders große Zahl höriger Bauernhöfe an diesem Ort, alles dieses deutet darauf hin, daß die Besitzungen im Lerigau einst der Missionszelle Visbeck gehörten und mit dieser an Corvey übergegangen sind. Im 12. Jahrhundert hat offenbar das Übergewicht von Visbeck im Lerigau aufgehört, seine weiten Salländereien scheinen in zwei Curien zerteilt zu sein, Visbeck und Varnhausen, und daneben bestehen noch die Curien Vesenbühren, Sudholz, Barnstorf und Gothel.

Die Urkunde Ludwigs des Frommen von 819[1]) schreibt der Missionszelle Visbeck auch Besitzungen im Hasegau zu. Doch hier und ebenso im Varngau und Derseburg hat das Kloster dem Register des 11. Jahrhunderts zufolge fast nichts mehr inne. Im 12. Jahrhundert kommen dagegen im Hasegau drei Curien vor, Löningen, Bunnen und Crapendorf, und von diesen muß Löningen eine bedeutende Größe gehabt haben, da das Kloster im Jahr 1251 für seinen Verkauf 200 Mark erhielt.[2]) Es ist wahrscheinlich, daß Corvey auch im 11. Jahrhundert im Hasegau, wo schon sein Rechtsvorgänger Visbeck Grundbesitz hatte, mit vermutlich nicht unbedeutenden Besitzungen ausgestattet war. Ob diese aber allein aus zinspflichtigen Bauerngütern oder

---

[1]) Osnabr. Urk.-Buch Nr. 7. Mühlbacher Reg. imp. I, Nr. 681.
[2]) Westfäl. U.-B. IV 3, Nr. 467.

auch zum Teil aus Salland bestanden, läßt sich nicht einmal vermuten. Im Varngau scheint das Kloster auch einigen Besitz gehabt zu haben. Mitte des 12. Jahrhunderts wird eine Curie Bockern, im 14. Jahrhundert ein Lehnsgut Schnetlage genannt.

In dem dritten der Gaue, die nach der erwähnten Urkunde den Grundbesitz der Missionszelle Visbeck enthielten, dem Venkigau, ist das Corveyer Kloster dagegen auch nach dem erhaltenen Teile des Heberegisters reich begütert. Dort bildet das Salgut in Freren den Mittelpunkt von 10 in seiner an Haiden und Weideflächen reichen, auch nicht ganz waldarmen Umgegend zerstreut gelegenen Zinsgütern. Im 12. Jahrhundert ist hier außer in Freren auch in Thuine eine Curie.

Wenn diese Gruppe von Besitzungen wahrscheinlich mit der Missionszelle Visbeck an Corvey gekommen ist, so hängt sie doch räumlich eng zusammen mit dem vermutlichen Missionsbezirk der Zelle Meppen, dem Emslande.

Die Besitzungen im Venkigau und die im Emslande bilden nämlich zusammen die zweite und größere Gruppe der Corveyschen Nordlandgüter, die nach dem Heberegister des 11. Jahrhunderts, wie es heutzutage vorliegt, von der kleineren Hälfte im Lerigau durch eine breite Lücke geschieden ist, in Wahrheit aber wohl schon im 11. Jahrhundert und früher durch Besitzungen im Hasegau mit ihr zusammenhing. Von der Missionszelle Meppen stammen wahrscheinlich die Corveyschen Besitzungen des größeren, nördlichen Teiles jener westlichen Hälfte, die Güter im armen und dünnbevölkerten Emslande, wo die Ortschaften sich bei den wenigen für Ackerbau günstigen Stellen zu dorfartigen Ansiedelungen zusammendrängen. Denn im Hümmling dehnt sich rings um die Dörfer und ihr Ackerland weithin die Haide; an der unteren Hase begrenzen sie auf der einen Seite haidebestandene Sandhügel, auf der anderen das feuchte, mit Wiesen bedeckte Schwemmland des Flusses, und an der Ems zwischen Meppen und Aschendorf, dem Grenzort gegen Friesland, ist zwischen den weiten Mooren und den Wiesenflächen am Flusse nur an wenigen höher gelegenen Stellen der Ackerbau lohnend. In diesen Gegenden liegt fast die Hälfte aller Corveyschen Nordland-Besitzungen, 114 Bauernhöfe und 336 Morgen Salland. Fast in jedem der heute hier gelegenen Orte hat das Kloster Höfe; die übrigen Grundbesitzer dieser Gegend müssen neben ihm bedeutungslos gewesen sein. Salgüter hat hier das Kloster in Haren, Haselünne, Lotten und Andrup. Sie alle aber überragt der Mittelpunkt dieses Gebietes, das bald zum Flecken mit Marktgerechtigkeit erwachsene Meppen mit seiner Missionszelle und 200 Morgen selbstbewirtschafteten Sallandes, wohin auch fast alle Zehnten dieses Gebietes eingeliefert werden. Später trat Meppens Bedeutung als Mittelpunkt für den Corveyschen Grundbesitz zurück; die Zehnten hatte Corvey 1077 an den Osnabrücker Bischof verloren, das Salland scheint zum Teil an die hier sich bildende Stadt übergegangen und nur ein kleiner Teil dem Kloster verblieben zu sein. Die Curien des Emslandes im 12. Jahrhundert, Lathen, Meppen, Holte, Lotten, Andrup, Werlte, Sögel und Werpeloh, stehen etwa gleichwertig neben einander; nur Lathen und Lotten scheinen an Größe die andern überragt zu haben.

In dem südlichen, bergigen Teil der Osnabrücker Diöcese nennen die Heberegister des 11., 12. und 14. Jahrhunderts nur einen größeren Klosterbesitz, das Salland in Meesdorf im Graingau.

Daraus daß im 11. Jahrhundert im Emslande fast ebenso viele Orte genannt sind, als heute dort bestehen, kann man auf eine mit der heutigen fast gleich starke Besiedelung schließen, während das übrige Deutschland damals weit dünner mit Ortschaften besetzt war, als heutzutage;¹) und die gleiche Erscheinung kann man für den Benkigau und Lerigau darthun, wenn man die Zehnten in dem Register des 11. Jahrhunderts, das Werdener Heberegister aus dem 9. Jahrhundert und die Urkunden zugleich mit berücksichtigt. Die Ortschaften werden sich hier, wie in ganz Deutschland vergrößert haben; aber Neubegründung von Ortschaften, die anderweits eine so große Rolle spielt, kann hier nur ganz vereinzelt vorgekommen sein. Das Nordland kann also damals nicht für eine ungünstige und menschenarme Gegend gegolten haben.

Diese frühzeitig verhältnismäßig starke Besiedelung des von Natur wenig begünstigten Nordlandes erklärt sich vielleicht ebenso aus seiner Ebenheit, wie aus seiner Waldarmut, die hier naturbedingt, nicht erst durch den Menschen geschaffen ist. Ebenso wurden im Thüringischen zuerst die waldlosen Lößgegenden besiedelt und zum Ackerbau verwendet, und heutzutage bereitet in Nordamerika die Gewinnung der besseren Steppengegenden für den Ackerbau weit geringere Schwierigkeiten, als die Lichtung des Waldes und seine Verwandlung in Ackerland. Denn waldloses Land kann sogleich durchpflügt und bestellt werden, die Beseitigung des Waldes macht den neuen Ansiedelern stets große Mühe. Daß waldloses Land außerdem zur Viehweide, nur nicht zur Schweinemast, geeigneter ist, als Waldland, leuchtet ein. Die Besiedelung der überhaupt den Ackerbau lohnenden Strecken konnte daher in dem zumal im Norden fast waldlosen Nordlande weit leichter vor sich gehen, als in dem übrigen, an sich fruchtbareren waldbedeckten Deutschland. Am längsten sind darum die Waldgebirge menschenarm geblieben.

---
¹) Lamprecht, Deutsches Wirtschaftsleben im Mittelalter I, S. 161 ff.

Auch eine Auffälligkeit in den damaligen Produkten des Nordlandes, wie sie sich wenigstens betreffs der Erzeugnisse der Bauerngüter am besten im Heberegister des 11. Jahrhunderts darstellen, erklärt sich wahrscheinlich aus der auf der Waldarmut beruhenden verhältnißmäßig dichten Bevölkerung des Nordlandes. Während zu dieser Zeit Hafer das Hauptgetreide Deutschlands war, Haferspeisen die wichtigste vegetabilische Nahrung ausmachten[1]) und die nicht dem Nordlande angehörigen Corveyschen Zinsbauern ganz überwiegend Hafer lieferten, wurde hier der weitaus seltnere und wertvollere Roggen gebaut. Nach dem Heberegister des 11. Jahrhunderts wurden von den Bauernhöfen des Nordlandes im Ganzen 2900 Scheffel (modii) Roggen und nur gegen 1200 Scheffel Hafer an das Kloster geliefert. Für dieses mußten daher die Nordlandbesitzungen besonderen Wert haben. Gerste wurde nur wenig gebaut (nur 260 Scheffel Gesamtabgabe), Weizen gar nicht. Für die letztere erst allmählich von Frankreich her in Deutschland eindringende Getreideart war der Boden des Nordlandes nicht fruchtbar genug.[2]) Auf den ausgedehnten Haideflächen weideten, wie heute zumeist Schafe; Schweine, die in den Waldgegenden nächst Schafen zumeist genannt werden, kommen hier nur ganz wenig vor. Es fehlt in diesen Gegenden die für ihre Ernährung besonders wichtige Eichel- und Buckeckern-Mast.[3]) Wenn fast gar keine Rinder genannt werden, so entspricht dieses der damals allgemein in Deutschland auf den Bauerngütern noch geringen Rindviehhaltung. Häufiger ist

---

[1]) Inama-Sternegg, Deutsche Wirtschaftsgeschichte II, S. 226. Lamprecht, Deutsches Wirtschaftsleben I, S. 552 f.
[2]) Inama-Sternegg, D. W. II, S. 227. Lamprecht, D. W. I, S. 548 f., 551.
[3]) Inama-Sternegg, D. W. II, S. 246. Lamprecht, D. W. I, S. 520 f.

schon die Leistung von Rindsfellen. Der Bauer hielt regelmäßig so viel Rindvieh, als er zur Ackerbestellung und Düngung brauchte, und konnte daher wohl die Felle der geschlachteten Tiere, aber keine lebenden Rinder dem Kloster abgeben.[1]) Im ganzen wurden dem Kloster 395 Schafe (mit Einschluß der arietes und victimae)[2]), 15 Schweine, 4 Rinder und 53 Rindsfelle jährlich an das Kloster geliefert. Die Wolle der vielen Schafe wurde von dem Bauer selbst zu Tuchen[3]) verarbeitet, die eine häufige und für das Nordland charakteristische Abgabe bilden. Tuche waren später der wichtigste Ausfuhrgegenstand dieser Gegenden. Der Haide entstammt auch der häufig als Abgabe genannte Honig, den das Kloster nur aus diesen Gegenden erhielt.

Ob die Erträge des Sallandes die gleichen waren, wie die der Bauerngüter, ist aus dem Heberegister nicht zu ersehen, weil es seine gesamten Erzeugnisse nach Corvey lieferte und diese daher im Register nicht besonders verzeichnet wurden. Daß aber mancherlei Besonderheiten vorlagen, darf man wohl aus den Abgaben der aus den Salländereien entstandenen Curien des 12. Jahrhunderts schließen. Wie bei diesen werden wohl auch bei den Salgütern die Erzeugnisse mannigfaltiger gewesen sein, als bei den Bauernhöfen. Ihre meisten Abgaben entsprechen allerdings denen der Zinsbauern; daneben aber erscheinen noch Lieferungen von Käse, Butter, Gänsen, Hühnern, verschiedenen Arten Fischen, Lein, Schalen und Bechern. Wichtig sind davon die Produkte aus

---

[1]) Inama-Sternegg, D. W. II, S. 246.
[2]) §. 32 des Heberegisters: victimam id est ovem. Es ist ein einjähriges Tier.
[3]) In §. 31 werden offenbar als Ausnahme linei panni erwähnt. Daß panni aus Wolle gefertigt wurden, ersieht man aus traditiones Corbejenses §. 212.

Kuhmilch: Butter und Käse. Man ersieht daraus, daß auf den Curien mehr Rinder gehalten wurden, der Culturfortschritt der stärkeren Rindviehhaltung sich also zuerst auf den größeren Gütern durchsetzte. Mindestens seit dem 11. Jahrhundert scheint auf Salgütern Rindvieh gezüchtet worden zu sein. Denn in den armenta, die für den Abt auf vier besonderen Viehhöfen gehalten wurden (§. 22), darf man Großvieh, Rinder und Pferde erblicken, da das Kloster seinen Bedarf hieran nicht durch Bauernabgaben erhielt.[1])

Der bedeutendste materielle Fortschritt, den die Landgüter des Nordlandes in der Zeit vom 11. bis 14. Jahrhundert machten, lag darin, daß nun die Geldwirtschaft auch hier allmählich ihren Einzug hielt. Man ersieht das daraus, daß die Abgaben mehr und mehr in Geld statt in Naturalien geliefert wurden. Im 11. Jahrhundert wurde nur von 8 Bauern Geld gezahlt und auch von diesen nur ganz geringe Beträge, meist je 8 Denare. Im 12. Jahrhundert zahlten die Bauern wahrscheinlich auch nicht viel mehr Geld, die ritterlichen Inhaber der Curien jedoch schon 4173 Denare, und im 14. Jahrhundert wurde von den Bauernhöfen ebenso wie von den Curien fast allein Geld als Abgabe geliefert. Wie die Verwandlung der Naturalabgaben in Geldgaben vor sich ging, erkennt man aus den Taxierungen der Naturallieferungen im Heberegister des 11. Jahrhunderts. Teils wird da der Wert des zu liefernden Stückes durch seine erforderlichen Eigenschaften bezeichnet, so pannum lineum in latitudine III cubitorum, in longitudine vero XVI habentem, teils aber schon durch seinen Geldwert: pannum unius sicli, pannum lineum VI denariorum. Es wird in solchen Fällen dem Zinsbauer freigestanden haben, ob er

---

[1]) Inama-Sternegg, D. W. II, S. 244—246. Vgl. I, 421. Lamprecht, D. W. I, S. 534 ff.

Geld oder Naturalien liefern wollte, und wenn er längere
Zeit die Zahlung von Geld vorzog, so wurde seine Leistung
zur Geldabgabe.

Schon oben wurde mehrfach darauf hingewiesen, daß
die Corveyschen Besitzungen im Nordlande ebenso, wie alle
die Grundbesitzmassen der deutschen Großen, auf zwei ganz
verschiedene Arten bewirtschaftet wurden, teils auf Rechnung
des Klosters durch Leibeigene, teils als Besitz von Hörigen,
die ihrem Grundherrn dafür zu Abgaben, Frohndiensten und
anderen Leistungen verpflichtet waren. Das an Zinsbauern
ausgethane Land herrscht hier entschieden vor; es umfaßt
mehr als drei Viertel alles Corveyschen Besitzes im Nord=
lande.[1]) Welchen Klassen von Hörigen diese Zinsbauern an=
gehören, ist allerdings aus dem großen Heberegister des 11.
Jahrhunderts nicht zu ersehen. Doch kann man darüber
nicht zweifelhaft sein. Denn sowohl die Schenkungen, die
bis zum Jahr 1037 reichen, wie später die Heberegister des

---

[1]) Es scheint auf den ersten Blick nicht leicht, die Abgaben der
Zinsbauern von den Zehntenabgaben in dem Heberegister des 11.
Jahrhunderts genau und immer zu unterscheiden. Denn nur in
§§. 11—15 sind Grundstücke erwähnt, auf denen die Abgaben lasten.
Im übrigen erscheinen die Abgaben als persönliche Pflicht bestimmter
Leute, man könnte sie also für ganz andere Leistungen, als für
Grundzinse ansehen. Doch bei näherem Zusehen erkennt man leicht,
daß sich die Zehntenabgaben auch äußerlich deutlich von den übrigen
Abgaben unterscheiden und daß diese letzteren nur Grundzinse sein
können. Die Zehnten werden meist ausdrücklich als solche erwähnt;
fast nie fehlt das Wort decima. Da ferner die Zehnten die Pflicht aller
Zugehörigen bestimmter Kirchspiele sind, so wird bei ihnen nur der
zehntpflichtige Ort, nicht die einzelne zehntpflichtige Person erwähnt
und charakteristisch ist der Unterschied, daß der Name eines Ortes,
aus dem die Zehnten für das Kloster abgeholt werden, mit der
Präposition de eingeleitet wird, der eines Ortes, in dem ein be=
stimmter Mann Klostergut inne hat, mit in. Auch wo der Zehnten
mitten zwischen sonstigen Abgaben vereinzelt steht, dokumentiert er

ausgehenden 12. und 14. Jahrhunderts geben darüber Auskunft, sobaß man die Entwicklung der Rechtslage der Corveyschen Hörigen vom 9. bis 14. Jahrhundert einigermaßen verfolgen kann.

Im 9. Jahrhundert[1]) erkennt man in den Traditionen die Unterscheidung der Hörigen in vielerlei Klassen, litos, servos, colonos, mancipia und servos. Freie werden nur einmal erwähnt, und nicht sie selbst, sondern ihre Besitzungen werden verschenkt: duorum liberorum possessiones (§. 320); sie werden sich zugleich selbst in die Abhängigkeit des Klosters begeben haben. Mit dem Ausdruck homines oder homines manentes werden alle Klassen der Hörigen zusammengefaßt. Sie alle sind mit dem Boden, den sie bestellen, fest verwachsen und können nur mit ihm verschenkt werden, was sich in solchen Bezeichnungen ausspricht, wie: III villae . . . et sunt ibi manentes homines tam liti quam etiam servi XVIII (§. 248) oder latum cum sua familia et possessione (§. 351) oder in den häufigen Ausdrücken mansum cum mancipiis, mansum cum familia. Coloni werden nur einmal erwähnt und nicht so, daß man ihr Wesen daraus erkennen kann, und ebenso wenig ist aus der seltenen Nennung der servi ihr Unterschied von den Mancipien zu ersehen.[2]) Die liti unterscheiden sich deutlich von den

---

sich durch die angegebenen Merkmale stets als solcher. Die übrigen Abgaben sind aber sicher Zinsen von dem an Bauern ausgethanen Klostergut. Denn es wäre höchst sonderbar, wenn in einem Heberegister fast keine Grundzinse vorkämen, da wir doch aus früherer und späterer Zeit wissen, daß das Kloster grundhörige Bauern hat, zumal aber, da in §§. 11—15 solche Hörige genannt sind, die ganz in der gleichen Form aufgeführt werden, wie diese Abgaben.

[1]) Trad. Corb. §§. 224—486.
[2]) Den Unterschied den Inama=Sternegg, D. W. I, S. 60, zwischen servus und mancipium macht, indem er eine von Waitz in der

mancipia und servi. Sie haben stets eine, mehrere oder wenigstens eine halbe Hufe, die sie also offenbar auch besitzen, während die Mancipien teils zu Hufen oder Hufenteilen gehören, teils in geringer Zahl zu ausgedehnten Besitzungen, teils aber im Gegenteil zu ganz kleinen Landstücken bis zu einem jurnale herab, also wohl nur teilweise B e s i tz an dem von ihnen bestellten Lande haben. Zudem gehört zu der Hufe der Lite mitsamt seiner Familie, die offenbar Erbrecht am mansus hat, was sich darin ausspricht, daß seine Angehörigen stets mit der allgemeinen Bezeichnung familia aufgeführt werden: latum cum familia et possessiones, quam ipse ibi habet (§. 351) oder mansum I cum familia Halecmar lati (§. 353). Die Gattin und die Kinder der Mancipien werden dagegen stets namentlich aufgeführt, sind offenbar persönlich in der Herrschaft des Klosters, das über jeden einzelnen von ihnen frei verfügen kann.

Auch in den Schenkungen des 10. und 11. Jahrhunderts (§. 1—224 bei Wigand) bleibt dieser Unterschied von litus und mancipium, und zwar sind jetzt Liten und Mancipien die beiden einzigen Arten von Hörigen, welche genannt werden. Alle anderen Unterscheidungen haben aufgehört. Der Name litus ist allerdings verschwunden. An seine Stelle ist die Bezeichnung familia getreten, die schon Mitte des 9. Jahrhunderts aufkommt und deshalb an die Stelle von litus treten kann, weil allein bei den Liten das Zinsgut im erblichen Besitz

---

Deutschen Verfassungsgeschichte II, S. 156, in bezug auf die Hörigen des Klosters Fulda gemachte Bemerkung verallgemeinert, daß nur die servi in unlösbarer Verbindung mit dem Zinsgut stehen, ist in den Corveyer Schenkungen nicht zu erkennen. Auch Wigands Unterscheidung in der Geschichte von Corvey II, S. 102 f., daß die mancipia das Land, das sie bestellen, auch besitzen und die servi nicht, trifft insofern nicht zu, als auch mancipia nicht immer Besitzungen haben.

der Familie ist. Doch auch der Name Lite hat sich ganz nicht verloren; im 12. Jahrhundert heißen die zinspflichtigen Besitzer eines vollen oder halben Mansus wieder liti oder litones. Die Rechtslage der Hörigen des Nordlandes im 11. Jahrhundert spricht sich sehr schön in einem Vertrage zwischen Bischof Alberich von Osnabrück und dem Freien Werinbrecht über den Haupthof Rüsfort bei Bersenbrück aus churtim .... et insuper septem familias, id est septem hobas iuxta illius provintiae morem possessas et censum solventes in locis subtus notatis adiacentes (folgen 7 Ortsnamen) et mancipia utriusque sexus per totum XL haec nomina habentia (folgen die Namen).[1]

Die Gliederung der Hörigen, welche die Traditionen des 10. und 11. Jahrhunderts zeigen, wird auch für die Zinsbauern des großen Heberegisters aus dem 11. Jahrhundert gültig sein. Sie werden gleichfalls teils zu den Liten, teils zu den Mancipien gehören. Diese Annahme gewinnt noch dadurch an Wahrscheinlichkeit, daß in den Heberegistern des 12. und 14. Jahrhunderts ebenfalls fast ausschließlich Liten und Mancipien erwähnt werden. Die daneben vorkommenden coteres[2] scheinen mit den Mancipien identisch zu sein. Nur einmal und außerhalb des Nordlandes wird in dem Heberegister des 11. Jahrhunderts auch ein freier Zinsbauer genannt (§. 9), während außerdem Freie nur noch in einer der ältesten Schenkungen erscheinen.[3] Freie Zinsbauern wird das Kloster daher nur in sehr geringer Zahl gehabt haben. Daß solche auch im Nordlande vorgekommen sind, ist aber nicht ausgeschlossen.

Ein größerer Teil der Zinsbauern bestand sicherlich

---

[1] Osnabr. U.-B. 138.
[2] Osnabr. U.-B. 226.
[3] Trad. Corb. §. 320.

aus Mancipien. Ihnen werden vor allem die kleinsten Zinsgüter gehört haben, und deshalb werden sie einmal coteres (Kötter) genannt.¹) Auch die größeren Güter können indessen zum Teil in der Hand von Mancipien sein. Charakteristisch für diese ist eben, daß bei gleicher Rechtslage ihre ursprünglich sehr niedere sociale Stellung im 11. Jahrhundert schon sehr verschieden ausgestaltet sein kann. Das wird auch durch die späteren Schenkungen bestätigt. Diese zeigen die Mancipien teils als Bauern im Besitz von Hufen (II mansus et II mancipia §. 107, L jugera et I mancipium §. 109) teils aber als arme Leute mit nur ganz geringem eigenen Acker (I jurnalem et I mancipium §. 108). Andere Mancipien gehören als Knechte zu Hufen, die sie nicht besitzen, was sich darin ausspricht, daß zu Grundstücken, die durch den Ausdruck mansus als ungeteilt charakterisiert werden, mehrere Mancipien gehören (unum mansum et VI mancipia servilia §. 24, XV mancipia et IV mansus §. 66). Diese Hufen sind wohl im Besitz von Liten, die aber Mancipien zu Knechten haben. Auch in §. 26 des Heberegisters aus dem 11. Jahrhundert werden Mancipien genannt, die das Salgut in Haselünne zu bestellen haben und darauf wohnen, ohne es besitzen zu können, da Salland auf Rechnung des Klosters bewirtschaftetes Land bedeutet. Neuerdings ist ihnen indessen ein Teil des Sallandes zu eigenem Besitz übertragen und sie zahlen davon Abgaben, ohne darum notwendig von der Pflicht entbunden zu sein, den Rest des Sallandes zu bestellen. Dieses wird die Form sein, in der vielfach Mancipien aus Knechten zu Bauern geworden sind.²) Daneben hob sich die Stellung mancher Mancipien dadurch, daß ihnen die Beschaffung solcher Bedürfnisse des Klosters

---

¹) Osnabr. U.-B. 226.
²) Inama-Sternegg, D. W. II, S. 259.

übertragen wurde, die dasselbe aus seinen Salgütern und Zinsgütern nicht erhielt. Fische wurden dem Kloster von den Zinsbauern nicht geliefert und von den Salhöfen nicht in genügender Menge; darum war ein Mancipium in Melstrup an der Ems besonders damit beauftragt, für den Fischbedarf des Klosters zu sorgen (§. 22). Daß dieser Fischer ein Mancipium war, ist daraus zu entnehmen, daß ihm keine bestimmten Abgaben auferlegt waren, er also wohl den ganzen Ertrag seines Fischfanges an das Kloster zu liefern hatte. Dafür hatte er aber 20 Morgen Land abgabenfrei erhalten. Denn derartige Leute, die dem Kloster solche seltneren und deshalb wertvolleren Gegenstände liefern konnten, wurden natürlich besonders geschätzt und reichlich belohnt. Mancipien dieser Art sind wohl auch die in den §§. 22 und 28 genannten Hirten, die für den Abt Groß= vieh, das er anderweitig nicht erhalten konnte, auf beson= deren Viehhöfen weideten und dafür mit abgabenfreiem Landbesitz bis zu 20 Morgen ausgestattet waren. Noch an= gesehener war ein Mancipium, dem der Vertrauensposten, Botendienste für das Kloster zu thun, übertragen war und der dafür mit ansehnlichem Grundbesitz, 60 Morgen, belohnt gleichfalls ohne davon Abgaben zahlen zu müssen (§. 22). Selbst ein Villicus, der Verwalter eines Salhofes, wird im Jahre 1120 als Mancipium bezeichnet.[1]) Für diese wichtigen Posten waren dem Kloster die Mancipien am besten geeignet, weil sie von ihm ganz abhängig waren. Solche Mancipien höherer Stellung standen rechtlich unter, social aber weit über den Liten auf ihren Zinsgütern.[2])

Bei weitem am häufigsten kommen aber in den Schen= kungen und in den Heberegistern des 12. und 14. Jahr=

---

[1]) Osnabr. U.=B. 237 unter den Zeugen.
[2]) Inama=Sternegg, D. W. II, S. 51 f.

hunderts unter den Zinsbauern Liten vor; sie werden den größten Teil der nordländischen Zinsbauern im 11. Jahrhundert ausmachen. Auch sie vermag ihr Grundherr mitsamt ihrem Besitz zu veräußern, aber nur mit diesem und ihrer ganzen Familie, nicht die einzelnen Personen. Darum erscheinen die Litenfamilien in den späteren Schenkungen unter der unbestimmten Bezeichnung familiae. Sie haben also Erbrecht an ihren Besitz; dieser gehört der ganzen familia, nicht dem Zinsbauer persönlich.[1]) Ihr Erbrecht erkennt man auch daraus, daß im Heberegister des 11. Jahrhunderts zweimal ein Mann im Besitz zweier Zinsgüter ist. In Wachendorf (§. 12) kommt Ado vor und gleich danach item Ado, und ebenso in Meesdorf (§. 38) Buno und item Buno. Wären das zwei Männer mit dem gleichen Namen Buno, so würde es heißen, wie in §. 20 alius Godecho. Von dem Ado weiß man, daß er ein größerer Zinsbauer ist, jedes seiner Güter 20 Morgen Acker hat. Doch ob er Lite oder Mancipium ist, ist zweifelhaft. Gewiß werden aber auch die Mancipien, die Hufen oder deren Teile besitzen, dasselbe Recht an diesen erlangt haben, wie die social gleichgestellten Liten. Ist dieser Ado nun ein Mancipium, haben demnach die mit Hufen ausgestatteten Mancipien Erbrecht an ihrem Besitz, so werden die Liten ganz gewiß erbliche Besitzer ihrer Zinsgüter sein. Daß die Litonen ein Jahrhundert später Erbrecht hatten, ist aus dem Abtsregister deutlich zu erkennen. Daß aber ursprünglich das ganze Vermögen des Liten und ebenso des Mancipium, nicht allein sein Zinsland, sondern auch die von ihm erworbene fahrende Habe, nicht ihm, sondern dem Herrn gehörte, spricht sich noch im 12. Jahrhundert darin aus, daß die Erbschaft des Liten an Vieh und beweglichem Gut dem Herrn zufällt und

---

[1]) Inama-Sternegg, D. W. II, S. 69 f.

daß jeder Lite, wenn er eine Hufe erbt, und jedes Litenmädchen, wenn es heiratet, diesem eine Abgabe zu zahlen hat. Eine Abgabe bei der Heirat kommt auch im Heberegister des 11. Jahrhunderts, allerdings nur einmal und außerhalb des Nordlandes vor (§. 42). Daß aber noch im 12. Jahrhundert der gesamte Viehstand und die gesamte Habe der Frau, die sogenannte Rade, an den Herrn gefallen sein sollte, wie allerdings der Wortlaut des Abtregisters besagt, ist nicht recht glaublich. Im allgemeinen erhielt damals der Herr nach dem Tode des Hörigen das Besthaupt, also das beste Stück Vieh und das beste Kleid, als Anerkennung seiner Herrschaft über den Liten, und auch im Nordlande wird sich eine solche Erleichterung der Erbschaftsabgabe im 12. Jahrhundert zum Mindesten angebahnt haben.

Durch das Erbrecht der Zinsbauern sind auch die bedeutenden Besitzunterschiede entstanden, die man in den Schenkungen und dem Heberegister erkennt. Wie der Lite und das besser situirte Mancipium mehrere Hufen erben konnte, so konnte er auch sein Gut unter seine Kinder teilen. Die Bezeichnungen medius mansus, tertiam partem de manso, tertiam partem de quodam bivango, die in den Schenkungen nicht selten sind, deuten sichtlich auf ihre Entstehung durch Erbteilung. Auch die starke Zersplitterung des Grundbesitzes während des 11. Jahrhunderts beruht gewiß hierauf. Das Heberegister meldet nur von kleinen, zum Teil von winzigen Zinsgütern. Eine Angabe über deren Umfang findet sich allerdings nur in §§. 11—15, die das Meppener Gebiet behandeln. Hiernach hat, abgesehen von dem Nutzungsrecht der Bauern an den in Gemeindebesitz befindlichen Grasflächen und Haiden, auf denen hauptsächlich ihre Viehhaltung beruht, nur ein Hof von den dort genannten 57 Höfen mehr als 20, nämlich 40 Morgen Ackerland, 13 Zinsgüter haben 20 Morgen, 28 aber haben 10—16 Morgen und 14 nur 3—8 Morgen. Ob diese Verhältnisse auch in anderen Gegenden des Nordlandes herrschen, ist schwer zu sagen, da die Größe der dort gelegenen Zinsgüter nicht angegeben ist und aus der Höhe der Abgaben kaum ein Schluß hierauf gezogen werden kann, weil bei den Höfen mit 10—16 Morgen Acker die Abgaben nicht kleiner sind, als bei den größeren Höfen. Ohne daraus etwas anderes folgern zu wollen, als das Überwiegen kleiner Zinsgüter im ganzen Nordlande, wollen wir konstatieren, daß keiner über 40, nur wenige über 30 Scheffel Getreide geben, und daß keiner mehr als 3 Stück Vieh oder als 2 Tuche zahlt, der nicht von Getreideabgaben ganz befreit ist oder nur ganz geringe derartige Abgaben zu leisten hat. Grundzinse von so geringer Höhe, wie die Höfe von 3—8 Morgen zahlen, sind dagegen häufig. Wie §§. 1—10 des Heberegisters zeigen, sind die corveyschen Bauerngüter außerhalb des Nordlandes, in Hessen, dem südlicheren Westfalen und Niedersachsen, bedeutend größer. Nur eins hat dort 10, alle übrigen 18—60 Morgen; der Durchschnitt ist etwa 30 Morgen groß.

Es fragt sich nun, wie sich jene in §§. 11—15 nach ihrer Größe angegebenen Bauerngüter zum normalen Bauerngut, der Hufe, verhalten, ob die Höfe mit 20 Morgen Ackerland eine volle Hufe oder vielleicht eine halbe oder zweidrittel Hufe darstellen, die Bauerngüter also früher, als noch wesentlich Besitzgleichheit herrschte, im Meppenschen ebenso, wie zumeist sonst in Deutschland 30 Morgen oder vielleicht 20 oder 40 Morgen gemessen hatten.

Im 9. Jahrhundert nämlich waren, wie man aus den Schenkungen ersieht, im Nordlande ebenso, wie in den anderen Gegenden, wo Corvey Besitzungen erhielt, die Bauerngüter sämtlich etwa gleich groß. Die Größe eines geschenkten Gutes brauchte damals noch nicht besonders angegeben zu werden; man sagte nur I mansus, I possessio oder quidquid ibi habuit. Doch schon bald begann diese Besitzgleichheit mehr und mehr zu schwinden. Durch Erbteilung wurden Hufen zersplittert, durch Erbschaft kamen mehrere Hufen in eine Hand, andere wurden durch Urbarmachung von freiem Land aus der gemeinen Mark ausgedehnt, von einigen kleinere Teile abgesplittert, auf denen Leibeigene angesiedelt wurden. Schon im 9. Jahrhundert erscheinen in den Schenkungen halbe, drittel und zweidrittel Hufen, und im 10. und 11. Jahrhundert kommen Besitzungen von allen möglichen Größen vor. Der Name mansus ist in dem Sinne von Bauerngut zwar noch im 12., selbst im 14. Jahrhundert üblich; doch die Größe der mansi wird damals sicher sehr verschieden gewesen sein. Hierfür ist es bezeichnend, daß man zu Anfang des 12. Jahrhunderts die Größe der Bauerngüter nicht durch „Hufe" genügend charakterisiert zu haben glaubte, sondern ihre Größe in Morgen angab: in Bun sunt VII mansi litonum, qui numerantur per XL jugera, et X mansi, qui numerantur per XXX jugera.[1]) Ja schon in den Schenkungen des 10. und 11. Jahrhunderts genügte das Wort mansus nicht mehr, um den Umfang eines geschenkten Gutes zu bezeichnen. Man ging mehr und mehr dazu über, seine Größe in Morgen genau zu vermerken. Sehr bezeichnend sind Ausdrücke, wie II mansus et CXX jugera,[2]) worin es sich ausspricht, daß in demselben Orte manche Bauerngüter noch den alten normalen Umfang hatten, andere aber bedeutend größer oder kleiner geworden waren. Auch in dem Heberegister des 11. Jahrhunderts erscheinen z. B. in dem einen Orte

---

[1]) Klinblinger, Münsterische Beiträge II, Urkundenbeilage, S. 142.
[2]) Trad. Corb. §. 90. Osnabr. U.=B. 65.

Wachendorf (§. 12) Besitzungen von 20, 16, 15, 12, 10, 8, 7 und 6 Morgen, die sich nicht durch Teilung einer Hufe von irgend einer bestimmten Größe sämtlich erklären lassen. Im Nordlande, wo die Ortschaften aus Einzelhöfen bestehen, die ihre Felder als Ganzes um sich haben, wird eben nie die Hufe so gleichmäßig groß gewesen sein, wie in den Gegenden mit Gemengelage der Felder. Auch hatte hier gewiß die Urbarmachung von Unland durch den einzelnen Bauern weit größeren Spielraum.

Die Hufengröße wird sich deshalb für diese Gegend nicht so genau feststellen lassen, wie man für die übrigen Gegenden, wo Corvey Besitz hatte, die Zahl von 30 Morgen als normale Hufengröße bestimmen kann. Dort kommen Besitzungen von 30 Morgen sowohl in den Schenkungen, wie in dem Heberegister des 11. Jahrhunderts besonders häufig vor und wird die Hufe bei dem Salland, wo sie den Begriff eines Maßes angenommen hat, gleichfalls zu 30 Morgen gerechnet. Auch im Nordland mißt die Hufe bei dem Salland 30, zum Teil auch 60 Morgen. Die Hufen von 60 Morgen sind wahrscheinlich von dem Kloster urbar gemachtes Land nach Art der sogenannten Königshufen.[1]) Die Hufen von 30 Morgen aber sind gewöhnliche Volkshufen. Sie gestatten also einen Schluß auf die eigentliche Hufe, das normale Vollbauerngut, von dem der Begriff Hufe stammt, um erst später als Maß gebraucht auch auf das Salland angewendet zu werden. Auch die recht beträchtliche Größe der späteren Vollerben in der Meppener Gegend spricht dagegen, die Landgüter mit 20 Morgen Ackerland als volle Hufen anzusehen.[2]) In §§. 11—15 des Heberegisters kommt indessen

---

[1]) Meitzen, Volkshufe und Königshufe in der Festgabe für Georg Hanssen, S. 37 ff.
[2]) Stüve, Wesen und Verfassung der Landgemeinden, S. 22 f., 26.

kein Zinsgut mit 30 Morgen Ackerland vor. Da aber andrerseits weder dieses Heberegister noch die wenigen Schenkungen des Nordlandes einen Anhalt für eine anderweitige Bestimmung der Hufengröße geben, so wird man es doch für das Wahrscheinlichste halten müssen, daß von den 57 Höfen des Meppener Gebietes, die in §§. 11—15 vorkommen, allein das Gut von 40 Morgen eine Vollhufe, den späteren Vollerben entsprechend darstellt, daß die Höfe mit 20 Morgen Acker Zweidrittel=Hufen sind, die Höfe mit 16 und 15 Morgen halbe Hufen und die mit 12 und 10 Morgen Drittel=Hufen. Die ärmsten Bauern mit 3—8 Morgen wird man als den späteren Köttern entsprechend ansehen können. Daß sich die Hufen schon damals durch Erbteilung so sehr zersplittert haben könnten, ist kaum glaublich. Sie werden urbar gemachte Ackerstücke oder kleine Absplitterungen sein, auf denen man Leibeigene angesiedelt hat. Schon in den ältesten Schenkungen kommen solche kleinen Besitzungen vor. Von den im Heberegister in §§. 11—15 genannten Personen sind also wahrscheinlich einer ein Vollbauer, 13 Zweidrittel=Bauern, 11 Halbbauern, 17 Drittel=Bauern und 14 Kötter. Ein kräftiger Bauernstand fehlt unter den Corveyschen Zinsleuten der Meppener Gegend und wahrscheinlich im ganzen Nordlande.

Besser als über die Rechtslage und den Besitzstand der Zinsbauern ist man über ihre Abgabenpflicht unterrichtet. Denn diese ist das vornehmste Recht, welches das Kloster über seine Zinsbauern besitzt. Die Höhe der Grundzinse wird darum ausdrücklich durch die Heberegister fixiert, während die übrigen Rechtsverhältnisse dem wandelbaren Herkommen überlassen bleiben und nur aus gelegentlichen Angaben erkennbar sind. Und für den Bauer sind die Abgaben die drückendste Pflicht, in der sich am meisten seine Abhängigkeit von dem Grundherrn ausspricht.

Sie bestehen im 11. Jahrhundert aus einer großen Mannigfaltigkeit von Naturalleistungen. Der eine giebt mehr Roggen, der andere mehr Hafer und wieder andere nur eine dieser Kornarten. Manche geben kein oder nur wenig Getreide und dafür mehr Vieh, Honig und Tücher. Auffallenderweise steht aber die Höhe der Abgaben vielfach in keinem Verhältnisse zu der Größe der Grundstücke.

Beispielsweise giebt ein Besitzer von 20 Morgen: 30 Scheffel Roggen, 6 Scheffel Hafer, 2 Schafe und 1 Schwein, ein Besitzer von 15 Morgen aber sogar mehr: nämlich: 30 Scheffel Roggen, 10 Scheffel Hafer, 2 Schafe, 1 Schwein und 8 Denare. Ein anderer, der auch 15 Morgen hat, giebt dagegen nur: 20 Scheffel Roggen, 10 Scheffel Hafer und 2 Schafe.

Während ein Bauer mit 12 Morgen: 8 Scheffel Roggen, 9 Scheffel Hafer und 1 Schaf giebt, zahlt einer mit 10 Morgen doppelt so viel, nämlich: 20 Scheffel Roggen, 10 Scheffel Hafer und 2 Schafe.

Um diese Verschiedenheiten hervorzubringen, mag mancherlei zusammengewirkt haben, verschiedene Güte des Bodens, der ewige kleine Krieg zwischen dem möglichst viel heischenden Kloster und dem über allzugroße Abgabenlast klagenden Bauer, vielleicht auch rechtliche Verschiedenheiten zwischen den Zinsbauern oder ihren Vorfahren.

Verhältnißmäßig am stärksten belastet sind im 11. Jahrhundert nach §§. 11—15 des Heberegisters die Zinsbauern mit 10—16 Morgen Ackerland. Sie zahlen, selbst absolut genommen, nicht weniger, als die größeren Güter mit 20 Morgen Ackerland. An Getreide liefern sie sogar mehr wie diese. Man kann als Grund dieser auffälligen Thatsache vermuten, daß unter den kleineren Bauern mehr Mancipien sind als unter den größeren. Die selteneren Abgaben: Tücher, Honig,

Schweine und Geld werden nicht von den Köttern (mit weniger als 10 Morgen Acker) gezahlt, und die feineren Leistungen, Tuche und Honig, zumeist von den größeren Bauern mit 20 Morgen Land. Auffällig ist dagegen, daß Geld, welches noch eine seltene und offenbar neue Abgabe ist, fast nur von den Leuten mit 10—15 Morgen Ackerland gezahlt wird. Eher sollte man erwarten, daß gerade die größeren Bauern früher imstande sein sollten, ihre Natural= Zinse in Geldzahlungen zu verwandeln.

Im Gegensatz dazu, daß die Zinsbauern mit 10—16 Morgen Feld stärker belastet sind als die größeren Bauern, steht die geringe Belastung der kleinsten Güter. Die Zins= güter von 3—8 Morgen haben auch Getreide vom Morgen weniger zu bezahlen, als die von 10—16 Morgen, und außerdem finden sich bei ihnen nicht die selteneren Abgaben: Schweine, Honig, Tücher, Geld. Diese Thatsache scheint der oben gegebenen Erklärung für die stärkere Belastung der mittleren, als der größeren Bauern zu widersprechen, daß nämlich unter den kleineren Bauern eine größere Zahl von Mancipien sich befände. Denn unter den kleinsten Bauern sind gewiß am meisten Mancipien. Daß Zinsbauern von niederem Range eine geringere Abgabe zahlen, als die von höherem, ist gegen alle Regel. Erklärbar ist diese merk= würdige Erscheinung nur, wenn man annimmt, daß die Ab= gaben nicht die einzige Leistung der Mancipien sind, daß sie außerdem Frohndienste zu leisten haben. Das wäre auch sehr natürlich. Der Ertrag eines kleinen Grundstückes ver= mag den Besitzer nur schwach zu ernähren, der Überschuß, den dieser dem Kloster zu geben vermag, ist nur gering. Dagegen erfordert die Bestellung eines kleinen Stückes Land weniger Zeit, als die eines größeren. Der kleine Bauer hat leicht Zeit übrig, um auf den Sallandgrundstücken des

Klosters Frohndienste leisten zu können, zumal da er an den Tagen, an denen er für den Herrn arbeitet, von diesem beköstigt wird.[1])

Allerdings sind in dem Heberegister, wenigstens im Nordlande, keine Frohnden angegeben. Doch ist dieses nicht verwunderlich. Die Frohnden bedeuten kein unmittelbares Einkommen für das Kloster, nur eine Unterstützung des klösterlichen Sallandbetriebes. Da aber das Heberegister nur das Einkommen des Klosters verzeichnen soll, so lag kein Grund vor, die Frohnden darin zu notieren. Außerhalb des Nordlandes sind aber bei zwei Bauern Frohnden angegeben: debet arare II jugera, unum in vere, aliud in autumno (§. 4) und in vere debet arare unum jugerum (§. 5). Es wäre sehr zu verwundern, wenn diese zwei Bauern allein solche besondere Verpflichtung hätten. Derartige Lasten pflegen bei allen social und rechtlich gleichgestellten Personen die gleichen zu sein. Es werden daher auch andere Leute, außer diesen zweien, zu Frohndiensten verpflichtet gewesen sein, ohne daß dieses besonders vermerkt ist, und wir haben Grund zu der Annahme, daß gerade die ärmsten Zinsbauern des Nordlandes diese Pflicht hatten. Auch im 12. Jahrhundert werden Frohnden genannt, wenn auch nicht bei Personen des Nordlandes. Entscheidend aber ist, daß in einer Urkunde des Abtes Konrad von 1225[2]) Frohnden als die Pflicht sämtlicher Corveyschen Litonen bezeichnet werden. Nun kann man aber als gewiß ansehen, daß die Liten und sicher noch mehr die Mancipien, wenn sie um 1225 frohnpflichtig waren, auch schon in früheren Jahrhunderten ihrem Herrn zu allerhand Frohndiensten, zum Pflügen und Mähen, zum Ausbessern

---

[1]) Wigand Arch. I. 4, S. 53. Inama-Sternegg, D. W. II, S. 257, 283.
[2]) Westfälisches Urkundenbuch IV, Nr. 140.

der herrschaftlichen Baulichkeiten, zum Herbeiholen von Holz aus dem Walde und zu anderen Fuhren verpflichtet waren.¹) Ursprünglich konnte der Herr wohl nach Belieben solche Dienste von den Mancipien verlangen, so oft er sie brauchte, und noch im 12. und 13. Jahrhundert gaben willkürlich verlangte Frohndienste den Anlaß zur Bedrückung der Litonen. Doch schon in den Heberegistern des 11. und 12. Jahrhunderts werden die Frohnden als bestimmt bemessene angegeben, und an einer Stelle wird ausgesprochen, daß sich betreffs der Frohnden für die Litonen ein Gewohnheitsrecht herausgebildet hat: liti servient suo jure.²) Und zugleich begann man diese Dienste sogar durch Geldabgaben abzulösen: liti vadunt (ad Barthunwick) vel IV solidos . . . persolvunt und vectionem in silvam aut IV denarios,³) so daß die Hörigen nun ihre Zeit, die mit dem Fortschreiten der Cultur immer kostbarer wurde, für sich selbst verwenden konnten.

Zu diesen Lasten privatrechtlicher Natur treten solche von mehr öffentlich rechtlichem Charakter. Sie bestanden allgemein, so lange das Geld noch keine Rolle in dem deutschen Wirtschaftsleben spielte, weniger in Abgaben, als in persönlichen Leistungen für die Beamten, die von Ort zu Ort reisten, überall selbst Gericht abhielten und dabei auf Kosten der Bevölkerung der Gegend lebten, wo sie sich gerade aufhielten.⁴) So stand es auch bei der Corveyschen Verwaltung der Nordlandgüter. Nachdem das Kloster für seine Besitzungen Immunität erlangt hatte, ging das Gericht über

---

¹) Wigand, Archiv I 2, S. 13, 4 S. 51, 53, 54. Kindlinger, M. B. II, S. 122, 226.
²) Wigand, Arch. I 4, S. 54.
³) Kindlinger, M. B. II 122, 226.
⁴) Brunner, Deutsche Rechtsgeschichte II, S. 229 ff.

seine Hörigen auf den Klostervogt über. Dieser besuchte, wie einst der Graf persönlich die Gerichtsstätten und mußte dabei von den Bauern und Sallandverwaltern unterhalten werden. Der Abt bereiste zur Visitation der Corveyschen Kirchen das Nordland, der Probst und andere Klosterbeamten kamen zu Verwaltungszwecken, und auch sie mußten aufgenommen und beköstigt werden. Diese Bedienungen, die bald zu dieser, bald zu jener Zeit den Klostervorstehern geleistet wurden, verzeichnete man begreiflicher Weise nicht in den Heberollen. Zu Ende des 12. Jahrhunderts waren sie jedoch in regelmäßige Abgaben verwandelt, die als Abgaben pro itinere und hospitia in den Heberegistern vermerkt wurden. Persönlich verpflegt wurde der Probst indessen noch zu Anfang des 12. Jahrhunderts bei seiner jährlichen Reise nach Kessenich bei Bonn zur Beschaffung von Wein für das Kloster; doch war damals die Höhe dessen, was ihm geleistet werden mußte, bestimmt normiert.[1]) Die Nordlandshöfe haben wenigstens den Heberegistern nach nur hospitia für den Abt und ein Hof III solidos nummorum pro itinere an den Probst zu leisten. Die Höhe der Abgaben pro itinere wird also in dem Probstregister vermerkt; doch die Höhe der hospitia des Abtes, welche die Ablösung der Pflicht, diesen bei seinen regelmäßigen Bereisungen des Nordlandes zu beherbergen, zu beköstigen und weiter zu befördern, zu sein scheinen, wird allgemein bekannt gewesen sein und ist deshalb nicht besonders angegeben. Der Abt scheint gewöhnlich alle drei Jahre gekommen zu sein; wenigstens werden die hospitia alle drei Jahre bezahlt. Die Last seiner Verpflegung war auf die verschiedenen Höfe verteilt gewesen, und deshalb wird im 12. Jahrhundert von einigen Curien ein ganzes hospitium, von anderen nur ein

---

[1]) Kindlinger, M. B. II, S. 115.

halbes oder ein viertel Hospitium bezahlt. Wenn der Abt sich zu einem Kriegszuge des Königs rüstete, scheinen noch besondere Abgaben erhoben zu sein; wenigstens finden sich im 12. Jahrhundert solche Abgaben ad expeditionem von einigen allerdings nicht im Nordlande gelegenen Curien.[1])

In dem Heberegister des 11. Jahrhunderts kommen einigemal Zinsbauern vor, von denen keine Abgaben angegeben sind. Entweder ließen sich zur Zeit der Abfassung dieses Registers ihre Abgaben nicht konstatieren oder sie waren gerade zahlungsunfähig. Auch in den Registern des 14. Jahrhunderts trifft man solche Güter, die zum Teil als desertae, d. h. nicht mit Colonen besetzt bezeichnet sind.

---

Nicht halb so groß, wie das an Zinsbauern ausgethane Land ist im 11. Jahrhundert die sogenannte terra salica. Die Bedeutung dieses Ausdruckes läßt sich daraus ersehen, daß im Gegensatz zu dem Lande der Zinsbauern, bei dem stets die Höhe der Abgabe, aber längst nicht immer die Größe ihres Landbesitzes angegeben ist, bei ihm keine Abgabe aber regelmäßig der Umfang des Ackerlandes genannt ist. Es ist selbstbewirtschaftetes, genauer gesagt auf Rechnung des Klosters bewirtschaftetes Land, von dem keine Abgabe geliefert wird, sondern der ganze, je nach dem Ernteausfall verschiedene Ertrag, von dem nur soviel zurückbehalten wird, als zur Instandhaltung des Gutes nötig ist.

Der Umfang der Salgüter war nur in wenigen Fällen beträchtlich größer als der der Bauerngüter. Den stärksten Sallandbesitz hat Corvey in Visbeck, nämlich 240 Morgen. In Meppen sind 200 Morgen Salland; doch gehört dieses zu zwei Salhöfen, wie der Ausdruck ad aliud atrium terre

---

[1]) Wigand, Arch. I 4, S. 52, II S. 2, 5.

salice zeigt. Die Hälfte aller Salgüter hat aber nur den Umfang von Bauerngütern, d. h. 30, 35, 36, 40 und 42 Morgen.[1]) Die Größe der Sallandkomplexe, die teils der Hufe entspricht, teils durch die normale Hufengröße von 30 Morgen teilbar ist, und ihre mehrfache Bestimmung nach Hufen von 30 oder 60 Morgen deutet auch auf die Entstehung des Sallandes hin. Während die Hufen von 60 Morgen wahrscheinlich erst durch das Kloster dem Unland abgewonnen sind, war die Mehrzahl der Salgüter zu früherer Zeit im Besitz von Bauern. Von Corvey oder seinen Rechtsvorgängern sind diese Bauerngüter eingezogen worden, um in eigene Bewirtschaftung genommen zu werden. Die Salhöfe mit 40 und 42 Morgen sind gewiß auch eingezogene Bauerngüter, die durch Rodung vergrößert sind.

In Meppen sind 60 Morgen Salland ad cameram fratrum pertinentia, während sich im 11. Jahrhundert sonst keine Spuren einer Teilung des Sallandes zwischen Abt und fratres finden. Das Verständnis dieses Ausdruckes ergiebt sich aus seiner Anwendung bei dem Zehnten. Dieser ist bereits zwischen Abt und fratres geteilt. Die Zehnten, die dem Abt gehören, sind als solche genannt, und die übrigen darf man dem Convent des Klosters zuschreiben. Aber an dem gleichen Ort, wie bei dem Salland, in Meppen, heißt es bei der einen Hälfte der dorthin eingesammelten Zehnten: ad cameram fratrum. Das kann keinen Gegensatz zu den Zehnten, die dem Abt zukommen, bezeichnen, da auch die übrigen nach Meppen eingesammelten Zehnten nicht dem Abt, also wohl den fratres zukommen. Man wird beim Zehnten und bei dem Salland von Meppen unter den dort genannten fratres die in Meppen wohnenden Mönche zu verstehen haben. Den Ertrag des ad cameram fratrum

---

[1]) Vergl. Inama-Sternegg, D. W. II, S. 161 f.

gehörenden Salhofes wird man also wohl der Meppener abbatiola, den der übrigen dem Hauptkloster in Corvey zurechnen müssen.

Auf welche Weise Corvey seine Salgüter auf seine Rechnung verwalten ließ, ob durch Mönche oder durch Hörige,[1]) ist aus dem großen Heberegister des 11. Jahrhunderts nicht zu ersehen. Man darf indessen für das 11. Jahrhundert annehmen, daß damals bereits allgemein Weltliche, also wohl Hörige, als Beauftragte des Klosters die Salländereien bestellten; denn zu Ende dieses Jahrhunderts finden wir Verwalter, die bereits Erblichkeit ihres Amtes in Anspruch nehmen. Außerhalb des Nordlandes führt auch das Heberegister solche Verwalter unter dem Namen villici auf. Selbst im Nordlande hat dieses Register eine Stelle, die darauf hinweist. In §. 26 heißt es: In Friederun continentur salice terre CXX jugera. Azzicho habet LI jugera et non persolvit quidquam. An diesem Azzicho fällt die Größe seines Besitzes und das Fehlen von Abgaben auf, und da er sogleich nach dem Salland genannt wird, so wird er wohl mit diesem in irgend einem Zusammenhang stehen. Man wird kaum fehlgehen, wenn man annimmt, daß ihm die Bewirtschaftung des Sallandes in Freren übertragen ist, und daß er als Entgelt dafür die 51 Morgen abgabenfrei erhalten hat. Daß das Heberegister für gewöhnlich keine solche Verwalter oder ihr Land nennt, kann nicht Wunder nehmen, da das Kloster keinen Ertrag davon hat. Diese Verwalter entnahm das Kloster gewiß aus der Zahl seiner Liten oder noch lieber der ganz von ihm abhängigen Mancipien. Es mußte dem Kloster vor allem daran liegen, das Salland als unmittelbar in seiner Verwaltung stehendes Land zu erhalten, und es ließ dieses da-

---

[1]) Maurer Fronhöfe I, S. 261.

her durch Leute bewirtschaften, die gewohnt waren, alles auf seinen Befehl zu thun, also durch die niedrigsten Hörigen, durch Mancipien. Noch im Jahr 1120 wird in der Osnabrücker Diöcese ein Villicus als Mancipium bezeichnet.[1]) Ein solches Verfahren war um so wünschenswerter, als im Mittelalter allen Beamtungen die Tendenz innewohnte, zu nutzbaren Rechten der hiermit betrauten zu werden. Man nahm deshalb die Verwalter aller wichtigen Posten aus möglichst niedrig gestellten Klassen, um ihre Thätigkeit nicht als selbstständiges Amt, sondern möglichst als Knechtesdienst erscheinen zu lassen.

Gerade im Nordlande scheinen die das Salland bestellenden Hörigen eine sehr abhängige Stellung gehabt zu haben. Die Corveyschen Sallandverwalter außerhalb des Nordlandes haben auch die Abgaben der umwohnenden Zinsbauern zu erheben, und mindestens einer derselben bezieht auch für sich selbst Abgaben von diesen,[2]) beginnt also sein Amt zu seinem persönlichen Vorteil zu benutzen. Daß dem Sallandverwalter die Einziehung der Bauernzinse übertragen war, war auch sonst in Deutschland häufig der Fall. Doch den Bewirtschaftern seiner Salgüter im Nordlande hatte Corvey eine so einflußreiche Befugnis nicht anvertraut. Das große Heberegister meldet kein Wort über die Erhebungsweise der Bauernabgaben. Hätte für diese eine bestimmte Regel bestanden, wären etwa die Sallandsverwalter mit der Erhebung dieser Abgaben betraut gewesen, so wäre diese für das Einkommen der Mönche hochwichtige Ordnung in dem Heberegister sicher vermerkt worden, so wie die Einrichtung der Zehntenerhebung darin sorgfältig angegeben ist.

---

[1]) Osnabr. U.-B. 237, bei den Zeugen.
[2]) Wigand, Archiv I 2, S. 10 ff., I 3, S. 54 ff. in §§. 1, 4, 7, 8, 10, 40.

Das Einziehen der Bauernzinse behielt das Kloster also gewiß in seiner Hand. Der Abt, der Probst oder andere geistliche Klosterbeamte werden sich zu ihrer Eintreibung regelmäßig in das Norbland begeben, höchstens für den Einzelfall einmal einen Weltlichen damit betraut haben. Möglich ist auch, daß die Bauernabgaben von den in Meppen und Visbeck wohnhaften Mönchen erhoben wurden. Indem die Klosterleute derartig die Einziehung ihrer Einkünfte von den Norblandgütern selbst in der Hand behielten, konnten sie zugleich ihren ganzen Grundbesitz, vorzugsweise die Wirtschaftsführung auf den Salländereien dauernd überwachen, sodaß die das Salland bestellenden Hörigen nach steter Anweisung ihres Herrn zu wirtschaften hatten und höchst selten dazu kamen, selbstständig zu verfügen.

## Die Umgestaltungen in der Zeit vom 11. bis 14. Jahrhundert.

Die ruhige Weiterentwickelung der Güterverfassung der Corveyschen Besitzungen des Norblandes, die das Heberegister des 11. Jahrhunderts aufweist, wurde durch die Wirrnisse unterbrochen, die seit den Tagen Heinrichs IV. über Deutschland hereinbrachen und die friedlichen Stände ebenso schädigten, wie sie die kriegerischen emporhoben. Zumal die geistlichen Herrschaften litten schwer unter dieser Störung der Rechtssicherheit. Auf ihrem Fleiß, ihrer Bildung und ihrer geistlichen Autorität beruhte die Macht der Bistümer und Klöster. Diese Waffen wurden wirkungslos in der gewaltthätigen Zeit, und sie kräftig zu gebrauchen hatte das der alten Wirtschaftlichkeit und Zucht entwöhnte Geschlecht der Geistlichen verlernt. Auch mit Corvey ging es seit dem 11. Jahrhundert bergab.

Den ersten schweren Schlag erlitt es schon im Jahre

1077 durch die Entziehung seiner bedeutenden Zehnteinkünfte aus der Osnabrücker Diöcese, die zum wesentlichen Teil den Reichtum dieses Klosters bedingt hatten. Schon längst waren sie ihm durch den Bischof bestritten worden, doch hatte man sie trotz aller Anfechtungen immer noch zu bewahren gewußt, wie auch das Register des 11. Jahrhunderts zeigt. Aber König Heinrich IV. sprach 1077 diese Zehnten seinem treuen Anhänger, Bischof Benno II. von Osnabrück zu, und die Klagen der Mönche über den Verlust dieser reichen Einkünfte beweisen, daß dieser Entscheid wirklich zur Ausführung gelangte. Zu gleicher Zeit entlud sich das Kriegsunwetter auch über das Osnabrücker Gebiet, wo Bischof Benno zweimal von den Anhängern des Papstes vertrieben wurde und zweimal zurückkehrte, und sein von der päpstlichen Partei erhobener Nachfolger, Abt Markwart von Corvey, sich zunächst auch nicht zu behaupten vermochte. Selbst aus seinem Kloster, das schon zuvor vielerlei feindliche Angriffe erlitten hatte, wurde er zeitweilig durch einen Anhänger des Kaisers verjagt.

Die Festigkeit der Corveyschen Gutswirtschaft wurde durch diese Kriegshändel gebrochen. Der Zusammenhang des Klosters mit seinen Untergebenen mag jahrelang ganz aufgehört haben. Die Bauern werden schwierig geworden sein, und das Klostergut galt als Beute des Stärksten. Die Weltlichen, voran die eigenen Ministerialen des Klosters, griffen nach seinem reichen Besitz. Unaufhörlich erschollen die Klagen der Äbte und Mönche über Beraubung, und ewig waren die Händel des Klosters mit seinen um sich greifenden Dienstleuten. Der Truchseß und der Schenk behielten die Vorräte des Klosters an Lebensmitteln für sich und verteilten davon nach Gutdünken.[1]) Ein andermal fielen

---

[1]) Wigand, Geschichte von Corvey II, S. 68 f.

die Ministerialen von Amelungen über den Klosterbesitz her.¹) Ein gewisser Ezzelinus hatte sein Amt als erblichen Besitz sich angemaßt und von den Zehnten, die er zu erheben hatte, einen Teil für sich zurückbehalten.²) Ähnliche Anmaßungen waren allgemein.

Daß solche auch im Nordlande an der Tagesordnung waren, zeigen die Urkunden Zu Anfang des 12. Jahrhunderts hat der Kirchenvogt, Graf Otto von Zütfen, ein Klostergut im Ammergau rechtswidrig im Besitz und beansprucht die Curie zu Andrup nach zweifelhaftem Rechte.³) Zu gleicher Zeit maßt sich der Ministeriale Reinfried, der die Einkünfte einer Reihe von Curien zu erheben hatte, die Herrschaft über diese Curien und demgemäß das Recht an, dort die Curieninhaber, die Meier, einzusetzen. Er enthielt dem Kloster die erhobenen Abgaben vor, und sein Sohn Gottfried nahm auf grund angeblichen Erbrechtes die gleichen Befugnisse in Anspruch.⁴) Eine Urkunde aus dem Ende des 12. Jahrhunderts endlich zeigt, daß von der Curie Lotten Besitzungen entwendet sind, das Gericht daselbst gestört wird, und daß das Kloster diese Curie verpfänden muß, um 28 Mark bezahlen zu können.⁵)

Die durch den Investiturstreit eingerissene Rechtsunsicherheit dauerte durch die folgenden Jahrhunderte an. Auch im 14. Jahrhundert zeigt sich das Kloster außerstande, seine ritterlichen und bäuerlichen Untergebenen im Nordlande zu steter Pflichterfüllung anzuhalten. Die Tochter Friedrichs

---

¹) Wigand, Geschichte von Corvey II, S. 71 f.
²) a. a. O., S. 91.
³) Osnabr. U.-B. 226. Kindlinger M. B. II, S. 141 f.
⁴) Osnabr. U.-B. 236. Erhard Regesta historiae Westfaliae I, Nr. CLXXXVIII.
⁵) Osnabr. U.-B. 407. Erhard, Regesta historiae Westfaliae II, Nr. DXIII.

von Lunne, mit Namen Lucke, hat das Schultheißenamt der Curie in Haselünne gewaltsam an sich gerissen, und während sie dem Kloster jährlich 3 Mark zahlen mußte, giebt sie nicht mehr als 4 Schillinge.[1]) Die zu der Curie Lathen gehörigen Höfe sind fast sämtlich angeblich nicht mit Bauern besetzt (desertae), und zahlen dem Kloster nichts. Vier von ihnen entziehen sich unter diesem Vorwand ihren Pflichten. Die Brüder Leshard und Otto Hacke haben einen Hof in Alten-Meppen sich angeeignet und davon schon seit 38 Jahren keine Abgaben bezahlt.²)

Während so der Besitz des Klosters und sein Einfluß auf die ihm gebliebenen Besitzungen durch Beraubung beständig verringert wurde, mußte es sogar selbst durch die Maßnahmen, die es zu der Sicherung seiner Besitzungen traf, diesen Besitz noch verkleinern. Nur eine große Zahl rittermäßiger Dienstleute konnte ihm in den kriegerischen Bedrängnissen helfen, und um diese an sich zu fesseln, mußte es ihnen Zehnten, Lehen und Curien immer von neuem opfern. Zwar hielt es jeden Besitz möglichst fest, rief des Kaisers Urteil gegen die Anmaßungen seiner Dienstmannen an, fand auch oftmals einen Rückhalt an dem Rechtsgefühl und der gegenseitigen Eifersucht seiner Ministerialen, die in ihrem Gericht ebenso wie dem erwähnten Gottfried³) häufig einem der Ihren ein angemaßtes Recht aberkannten.⁴) Doch nicht immer halfen diese Mittel. Am nützlichsten erwies es sich noch, entferntere Besitzungen zu opfern, sie entweder an getreue Ministerialen zu geben oder sie zu verkaufen, um mit dem dadurch erworbenen Gelde näher gelegene Grund-

---

[1]) Staatsarchiv Münster, Msc. I, A 134, S. 290.
[2]) Wigand, Arch. VII, S. 251, 294.
[3]) Osnabr. U.-B. 236.
[4]) Wigand, Geschichte von Corvey II, S. 68 f.

stücke einzulösen. Auf diese Weise gelang es Corvey, die Landgüter in seiner Nähe, an denen ihm am meisten gelegen war, sich zu erhalten, dort den Anmaßungen der Curieninhaber, der sogenannten Meier, zu steuern, die großen Curien zu teilen und diese einzelnen Stücke an Meier aus dem Bauernstande zu verleihen. Doch die ferneren Güter, darunter die des Nordlandes, vermochte es nicht so vor den Ministerialen zu bewahren und gab es auch gern dahin, wenn es dafür Land in der Nähe des Klosters gewinnen oder sich erhalten konnte. Die Curie Löningen wurde im Jahre 1251 von Corvey verkauft, um mit den dafür erhaltenen 200 Mark ein Gut im heutigen Waldeckschen longe melius et utilius ad ampliandos redditus abbatie zu erstehen.[1])

Im Nordlande stützte sich das Kloster, so gut es ging, auf seine Sallandverwalter. Die alte Weise, die Abgaben der Zinsbauern durch Angehörige des Klosters zu erheben, die von einem Klosterbesitz zu dem anderen reisten und zugleich die Sallandverwalter beaufsichtigten, zeigte sich in der unsicheren Zeit als undurchführbar. Das Ansehen des fernen Klosters war erschüttert, seine Vertreter, zumal wenn sie wehrlose Geistliche waren, fanden nicht mehr den alten Gehorsam. Um die Bauernabgaben nicht ganz zu verlieren, mußte man die über die Salgüter gesetzten Hörigen beauftragen, sie für das Kloster zu erheben. Man mußte auf die persönliche Aufsicht über die Zinsbauern verzichten und sich damit begnügen, durch Vermittelung der Sallandverwalter seine Einkünfte überhaupt zu erhalten. Jedem Salgut wurden die Bauernhöfe seiner Umgebung zugeteilt; von diesen forderte der villicus die Klosterabgaben ein und führte sie zugleich mit den Erträgen seines Sallandes nach Corvey ab.

---

[1]) Westfäl. U.-B., Bd. IV, Abt. III, Nr. 467.

Solches Salgut mitsamt seinen zugehörigen Bauernstellen hieß nun eine curia. Diese Einrichtung, die auf den übrigen Corveyschen Gütern schon früher bestand, muß schon gegen Ende des 11. Jahrhunderts auch im Nordlande herrschend gewesen sein. Schon damals hat ein Ministerial Reinfridus Klostereinkünfte, die zum Teil aus dem Nordlande stammen, nicht von Bauern, sondern von Curien einzuziehen, wie man aus der schon mehrfach angezogenen Urkunde des Jahres 1120[1]) ersieht, die den Anmaßungen des Sohnes dieses Reinfridus zu steuern sucht. Der Sohn des Reinfried ist zur Zeit der Abfassung jener Urkunde mindestens 30 Jahre alt, schon um 1090 müssen also Curien bestanden haben. Die Bauern haben somit bereits Ende des 11. Jahrhunderts ihre Abgaben nicht an das Kloster, sondern an die zunächst wohnhaften Sallandsverwalter zu entrichten, und diese Anordnung der Besitzungen nach Villicationen wird in dieser Urkunde für jene Zeit nicht als neue Einrichtung, sondern als etwas schon länger bestehendes genannt. Da außerdem diese Einrichtung wie etwas Selbstverständliches erwähnt wird, so ersieht man, daß sie auch im Nordlande allgemein üblich war.

Die das Salland bewirtschaftenden Hörigen hatten aber damit, daß sie für das Einkommen der Bauernabgaben sorgen und die gefährdete Herrschaft des Klosters aufrecht erhalten sollten, aufgehört unselbstständige Klosterknechte zu sein. Durch die geistlichen Herren, die ehemals jährlich zu ihnen kamen, um die Bauernabgaben zu erheben, waren sie in ihrer Wirtschaftsführung beaufsichtigt worden; davon waren sie nun befreit. Der Villicus sollte nun selbstständig wirtschaften, er sollte nach seinem Gutdünken für das Klostergut mit allen Kräften eintreten und gewöhnte sich demnach daran, selbst-

---

[1]) Osnabr. U.-B. 236.

ständig zu handeln. Er sollte dem Kloster die Bauerneinkünfte erhalten und gewann damit eine Art Herrschaft über die Bauern. Deren Hufen standen nicht mehr selbstständig neben den Salgütern, sondern unter diesen, sie waren nur ein Zubehör der von den Sallandverwaltern geleiteten Curien. Der Meier war jetzt nicht mehr hörig, sondern selbstständig, nicht mehr Knecht, sondern Beamter, officiatus. Wie aber im Mittelalter jede Amtspflicht infolge der herrschenden privatrechtlichen Anschauung und der ungenügenden Beaufsichtigung von oben her sich leicht in ein nutzbares Recht verwandelte, so geschah dies auch bei den Meiern. Um 1200 beziehen die Meier Erträge von ihrer Curie und werden sie auch nach anderer Richtung hin ihre Stellung zu nutzen verstanden haben. Die Erwerbung dieser Rechte wird ihnen im Laufe des 12. Jahrhunderts gelungen sein. Zu Anfang desselben bieten Reinfried und sein Sohn Gottfried ein Beispiel für die Occupation nutzbarer Rechte durch Ministerialen des Klosters. Die Meier werden ebenso gehandelt haben, wie diese Vorsteher mehrerer Curien, die es für ihr Recht erklärten, in ihrem Gebiet aus eigenem Rechte zu schalten, ibi villicos statuere, pro libitu cuncta disponere, und deren beanspruchte Stellung daher nicht mehr officium allein, sondern magistratus et dominatus heißt. Die Machtsteigerung der Villici wird in den meisten Fällen ganz allmählich und dem Grundherrn kaum merkbar vor sich gegangen sein. Erst wenn sie eine solche Höhe erreicht hatte, daß der Villicus die Wünsche und Entscheidungen des Klosters keck ignorieren konnte, empfand dieses, wie vieles es verloren habe, und sträubte es sich gegen diesen Machtverlust. Bis zu dieser Machtfülle sind Reinfried und sein Sohn Gottfried schon gelangt, und deshalb wird man vermuten müssen, daß auch die übrigen Meier, wenn auch in milderer Form, schon wesentlich die Herren in ihren Curien sind.

Die Voraussetzung der stetig zunehmenden Selbstständigkeit der Meier war aber, daß die Curien dauernd in ihren Familien verblieben. Wie hätte das aber anders sein sollen. Wohnte doch im Mittelalter jeder Würde und jedem Beruf die Neigung erblich zu werden inne, so den Grafschaften und Lehen und andrerseits den Zinsgütern. Mancherlei wirkte da zusammen, die Festigkeit des Familienbandes, die ungenügende Oberaufsicht, das starre Haften des Menschen an seiner Scholle und mancherlei andere Züge der Naturalwirtschaft, welche die Decentralisation begünstigten. Auch die Meier bewahrten ihre Stellung möglichst ihrer Familie und der Oberherr war selten imstande, diesem Streben zu widerstehen.

Daß aber wirklich schon zu Anfang des 12. Jahrhunderts die Curien von dem Vater auf den Sohn vererbten, kann man gleichfalls nach der erwähnten Urkunde von 1120 vermuten. Nach dem Tode des darin erwähnten Reinfried erhielt sein sogar noch unmündiger Sohn ohne weiteres das Amt des Vaters, und, als auch dieser bald starb, beanspruchte dasselbe der jüngere Sohn Gottfried und setzte sich in seinen Besitz. Das Kloster erkannte sein Erbrecht auch gewissermaßen an; denn es sprach ihm das Amt nicht ohne weiteres ab, sondern gab ihm 7 Mark als Entschädigung. Wenn somit das Amt dieses Reinfried, der nur Abgaben einzuziehen hatte, ohne an einer Curie einen festen, ihm persönlich verliehenen Besitz zu haben, unbeanstandet auf seinen ältesten Sohn überging und dem jüngeren Sohn nicht schlechthin aberkannt wurde, so werden damals, zu Beginn des 12. Jahrhunderts, die Curien, auf denen die Familien der Meier lebten, erst recht auf dem Wege gewesen sein, erblicher Besitz der Meierfamilien zu werden.

Gegen diese Annahme scheint indessen eine Urkunde des ausgehenden 12. Jahrhunderts zu sprechen, in der die Curie zu Lotten unter Bedingungen übertragen wird, welche die Erblichkeit auszuschließen scheinen.¹) Diese wurde nämlich drei Brüdern zugleich als ein **Pfand** für ein Darlehen von 28 Mark übertragen, und das Kloster behielt es sich vor, einen von diesen als Villicus zu bestellen, ihn nötigenfalls abzusetzen und einen anderen der drei Brüder mit diesem Amt zu betrauen. Also keinem der Brüder gehörte das Amt, die Familie keines von ihnen konnte sich dort festsetzen. Doch kann man betreffs der Erblichkeit der übrigen Meier wenig daraus schließen. Die Curie Lotten war in sehr verwahrlostem Zustande, ihr voriger Inhaber hatte offenbar sein Amt mißbraucht, und indem das Kloster nun zu ihrer Neubesetzung schritt, suchte es sich begreiflicherweise die nötige Sicherheit zu verschaffen, um das Amt nicht wieder erblich werden zu lassen. Gerade daraus, daß sich das Kloster so sehr gegen die Erblichkeit wehrt, erkennt man, wie vielfach und wie sehr zu seinem Nachteil sie erwuchs. Es war auch sehr zweifelhaft, ob derjenige von den drei Brüdern, dem zuerst die Curie übertragen wurde, wieder beseitigt werden konnte, ob nicht auch in seiner Familie das Amt dauernd verbleiben würde.

Denn diese Curie wurde nicht nur zur Verwaltung, sondern als Besitz den drei Brüdern übertragen. Das Kloster war in Geldverlegenheit. Es schuldete einem gewissen Helferich 28 Mark, möglicherweise dafür, daß es ihm eine schlecht verwaltete Curie abgenommen hatte, und da es diese 28 Mark nicht bezahlen konnte, so verpfändete es die Curie in Lotten an die erwähnten Brüder, die dafür das Geld an den Helferich zu zahlen übernahmen. Es ist bei der allgemeinen Lage nicht anzunehmen, daß das Kloster je in die

---

¹) Osnabr. U.-B. 407. Erhard, Regesta historiae Westfaliae II, Nr. CXIII.

Lage kommen konnte, diese Curie wieder einzulösen. Darin aber, daß diese Curie für eine so bedeutende Summe verpfändet wurde, spricht sich aus, daß damit nicht nur ihre Verwaltung übertragen wurde, sondern ihr Besitz und ihre Nutznießung, wie denn auch in dem gleichzeitigen Heberegister nicht ihr ganzer Ertrag abgeliefert wird, sondern nur Abgaben davon. Diese Urkunde spricht also nicht gegen die Annahme, daß damals die Curien zumeist erblich waren, und sie zeigt, daß die Meier nicht nur an solchen Curien, die sie schon längere Zeit in Besitz hatten, Nutznießung und freie Verfügung besaßen, sondern daß auch neu eingesetzte Meier sogleich mit so ausgedehnten Befugnissen ausgestattet wurden. Den Heberegistern nach sind zu Ende des 12. Jahrhunderts die Curien bereits sämtlich Besitz ihrer früheren Verwalter geworden. Als deren Land, nicht als Klosterland werden sie verwaltet, und als beinahe einziges Merkmal ihrer Abhängigkeit von dem Kloster erscheinen die Abgaben, die sie diesem zu zahlen haben. Aus Eigenbesitz sind die Curien zu zinszahlenden Besitz des Klosters geworden.

Denn ein wesentlicher Teil des von den Meiern erworbenen Herrschaftsrechtes über ihr Salland und die dazu gehörigen Bauern bestand darin, daß sie davon für sich Erträge bezogen. Der Villicus wollte nicht mehr gegen geringen Entgelt das Salland bewirtschaften und die Bauernabgaben eintreiben, sondern er belohnte sich selbst, indem er von den Sallanderträgen und den bäuerlichen Grundzinsen einen immer größeren Teil für sich zurückbehielt. Das ist allerdings nur betreffs der Sallanderträge aus den Quellen deutlich zu ersehen. Nach den beiden Heberegistern aus der Zeit um 1200[1]) werden von den Salgütern, die nun zu

---

[1]) Osnabr. U.-B. 379. Kindlinger, M. Beitr. II Urkunden, S. 221. — Osnabr. U.-B. 418, Wigand, Arch. II, S. 137 f.

Curien geworden sind, anstatt des ganzen Ertrages allein Abgaben an das Corveyer Kloster geliefert. Ob die Meier in gleicher Weise von den Bauernabgaben einen Teil für sich bezogen haben, ist nicht genau zu ersehen. Die vorhandenen Quellen schweigen darüber. Doch legen zwei Umstände diese Vermutung nahe, einmal daß derartige Bauernabgaben an den Villicus bei einigen außernordländischen Curien bezeugt sind,[1]) und ferner, daß in dem Probstregister der Zeit um 1200[2]) die von den Bauern an das Kloster gelieferten Abgaben offenbar bedeutend geringer sind, als sie im 11. Jahrhundert waren. Zumal fehlen die ehemaligen bedeutenden Getreideabgaben fast gänzlich, und in Geld können sie nicht umgesetzt sein, da Geldabgaben nur bei wenigen Curien genannt sind und diese nicht entfernt dem Wert der ehemaligen Getreideabgaben gleichkommen. Das Kloster hat sicherlich einen großen Teil der Bauernabgaben verloren. Diese können zu Lehen vergeben sein, oder sie kommen nun dem Villicus zu, der sie ähnlich wie einen Teil der Sallanderträge an sich gebracht hat.

In den Besitz dieses Anteiles an dem Sallandertrag und vielleicht auch an den Bauernzinsen mögen die Meier sich durch Usurpation gesetzt haben, und das Kloster wird erst, nachdem es einsah, daß das Ganze nicht mehr zu retten sei, mit einem Teil seiner Einkünfte von den Curien sich begnügt haben. Ebenso wie der in der Urkunde von 1120 genannte Ministerial Gottfried die Abgaben, die er von einer Reihe von Curien für das Kloster einzuziehen hatte, diesem nicht ablieferte, sondern für sich verwendete, so werden die Meier ihre Pflicht, die Erträge der von ihnen bewirtschafteten Curien und die Abgaben, die sie von den

---

[1]) Wigand, Archiv II, S. 2 ff.
[2]) Osnabr. U.-B. 418, Wigand, Arch. II, S. 137 f.

Bauern erhoben, an das Kloster abzuliefern, verabsäumt haben. Das Kloster dagegen verlangte gewiß immer von neuem deren Einlieferung. Der Hader zog sich in die Länge, bis man endlich einen Vergleich schloß und die Einkünfte von Salland und Bauernland unter sich teilte. So hatte sich das Kloster wenigstens einen Teil seiner Einkünfte von diesen Curien bewahrt, und der Villicus wenigstens einen Teil der Erträge seines Feldes und der von ihm erhobenen Bauernabgaben erobert.

Während so die Stellung des Villicus sich immer günstiger gestaltete, kam ihm auch das noch zu Gute, daß seine Abgaben in den folgenden Jahrhunderten immer geringwertiger wurden. Sie waren in Geld umgesetzt, und mit der zunehmenden Entwertung und Verschlechterung des Geldes wurde die Summe, die dem Herkommen gemäß zu zahlen war, immer geringfügiger. Die Abgaben der Curien (etwa 20 Schillinge) wurden schließlich sehr vermindert und dem entsprechend auch ihr Wert für das Kloster.

---

Für das Kloster hatte diese ganze Entwicklung, welche die Salgüter in Curien verwandelte, zunächst den Nachtheil, daß es seine Besitzungen zwar nicht verlor, aber immer geringeren Nutzen davon hatte. Doch hierbei blieb es nicht. Corvey mußte zu gleicher Zeit seinen Bestand an bäuerlichen Zinsgütern verkleinern, um die emporstrebenden Ministerialen auszustatten, es mußte erstens neue Curien begründen und zweitens einen Teil seiner Zinsgüter in Lehngüter verwandeln.

Es können nicht alle Curien, die im ausgehenden 12. Jahrhundert im Nordlande bestanden, aus Salland erwachsen sein; eine größere Zahl von ihnen muß auf früherem

Bauernland neu errichtet sein. Denn ihr größerer Teil liegt an Orten, an denen in dem Heberegister des 11. Jahrhunderts kein Salland aufgeführt war. Nun werden allerdings in dem erhaltenen Teil dieses Registers nicht alle Salgüter genannt sein, die damals im Nordlande bestanden. Doch das ist nicht glaublich, daß nicht einmal die Hälfte aller Salgüter des 11. Jahrhunderts darin erwähnt sein sollten. Zudem sind die Besitzungen im Hümmling und Lerigau in dem Teile dieses Heberegisters, der nicht verloren ist, genau verzeichnet, und auch in dort gelegenen Orten bestehen um 1200 Curien, denen ein Jahrhundert früher kein Salland entspricht. Es sind also gewiß Bauernhöfe eingezogen worden, um Ministerialen mit Curien auszustatten. Teilweise mögen Dienstmannen diese Bauerngüter mit Gewalt an sich gebracht und sich Curien daraus gebildet haben. In den meisten Fällen aber hat sich gewiß das Kloster zu diesem Schritt veranlaßt gesehen. Die Verwalter der vorhandenen Salgüter reichten wohl nicht dazu aus, alle Bauernabgaben einzuziehen, und man siedelte deshalb noch an anderen Orten Ministerialen an, stattete sie mit Gütern ausgetriebener Bauern aus und ordnete ihnen die übrigen Bauern ihrer Gegend unter. Auch an diesen Ministerialen hoffte gewiß anfangs das Kloster ergebene Diener zu behalten, doch auch sie empfanden die Selbstständigkeit ihrer Stellung und beeilten sich, daraus Nutzen zu ziehen.

Ein anderer, gleichzeitiger Proceß, der einen bedeutenden Teil des Klosterlandes aus den Händen von Bauern in die von Rittern führte, war die Schaffung von Lehngütern. Vor der Mitte des 11. Jahrhunderts sind Corveysche Lehen im Nordlande nie erwähnt, und überhaupt scheinen in diesem Landesteil nur wenige Lehen bestanden zu haben. Als Ludwig der Deutsche dem Corveyer Kloster die Missionszelle Visbeck samt ihrem Grundbesitz geschenkt hatte, war ausdrücklich dessen Vergebung zu Lehen verboten worden. Das wird jetzt ganz anders. So wie die Osnabrücker Bischöfe um 1100 eine Menge Lehen austeilten, so erscheinen nun auch die Corveyschen Ministerialen vielfach mit Lehen begabt. Hierdurch wollte das Kloster seine Ministerialen instand setzen, sich für seinen Dienst rittermäßig auszurüsten und rittermäßig zu leben. Auf gleiche Weise mußte es aber auch gewiß jeden Dienst belohnen, den sich seine Meier um die Erhaltung des Klostereigentums erworben zu haben glaubten. Schon im 12. Jahrhundert scheint das Kloster genötigt gewesen zu sein, seine Dienstmannen mit Lehen auszustatten. Bereits um das Jahr 1100 haben Reinfried und sein Sohn Gottfried, die einzigen Ministerialen die in Corveyschen, auf das Nordland bezüglichen Urkunden genannt sind, ihre Lehen.[1]) Die Abgabenverzeichnisse haben allerdings keinen Grund, diese für das Kloster nicht einträglichen Lehngüter der Meier aufzuführen; indessen sind einmal auch in einem solchen, das zwar nicht dem Nordlande angehört, Lehen, die den Meiern gehören, verzeichnet.[2])

Dieses Lehnland war für das Kloster, was den unmittelbaren Ertrag anlangt, so gut wie verloren. Denn es wurde noch schneller, als die Curien, erblicher Besitz seiner Empfänger. Schon zu Anfang des 12. Jahrhunderts werden die Lehen des Ministerialen Reinfried ohne jede Schwierigkeit seinem ältesten Sohn, und nach dessen Tode dem jüngeren Sohn verliehen, im Gegensatz zu seinem Amt, das — wie oben gezeigt — nur der ältere Sohn erhielt. In Wirklichkeit sind diese Lehen also erblich, wenn auch beim Sterbefall des Belehnten oder Lehnsherrn die Neubelehnung des Erben stets nachzusuchen ist.

---

[1]) Osnabr. U.-B. 236.
[2]) Wigand, Archiv II, S. 4, 5.

Die Größe der an Meier verliehenen Lehnsgüter ist nach dem einen Abgabenverzeichnis des 12. Jahrhunderts,[1]) das allerdings nicht das Norbland behandelt, zumeist 6 bis 8 Hufen, also nicht unbedeutend. Vielfach sind indessen auch einzelne Hufen verliehen.

Die Gesamtgröße des zu Lehen vergebenen Landes kann nicht gering gewesen sein. Die Zeugnisse des 12. Jahrhunderts aus dem Norblande lassen dieses allerdings an sich noch nicht ersehen. Aber dem 14. Jahrhundert gehört ein Lehnsregister an, das auch im Norblande eine größere Zahl von Lehen aufführt, und die Analogie einiger, allerdings nicht dem Norblande angehöriger Curien läßt schließen, daß die Menge des Lehnlandes schon im 12. Jahrhundert beträchtlich gewesen sein muß. Von der Curie zu Erkeln sind 50, von der zu Godelheim mindestens 15 Hufen an verschiedene Leute als Lehen gegeben; einige sind mit Gewalt occupiert.[2]) Dazu nehme man, daß von den drei den Grundbesitz des Norblandes im 12. Jahrhundert betreffenden Corveyschen Urkunden[3]) in zweien sich Klosterlehen erwähnt finden, und daß der Klostervogt, Otto von Zütfen, zu Anfang des 12. Jahrhunderts fünf ganze Curien zu Lehen besitzt.

Daß aber das Lehnland größtenteils dem nutzbaren Klosterlande entnommen sein muß, ist bei der geringen Zahl von Lehen in früherer Zeit natürlich und bei den zu den Curien Erkeln und Godelheim gehörigen Lehnsgütern[4]) einigemale ausdrücklich gesagt: isti autem mansi pertinebant ad utilitatem curie oder salice terre V mansi

---

[1]) Wigand, Archiv II, S. 4, 5.
[2]) Wigand, Archiv I 4, S. 52 ff.
[3]) Osnabr. U.-B. 226, 236, 407.
[4]) Wigand, Arch. I 4, S. 52 ff.

preter XXII jugera, qui pro beneficio vendicantur. Ebenso Salland wie Bauernland ist also in Lehen verwandelt worden und demnach für das Kloster nicht mehr nutzbar.

Erst mit dem Ende des 14. Jahrhunderts fällt ein etwas schärferes Licht auf die Corveyschen Lehnsgüter im Nordlande. Aus jener Zeit ist ein Lehnsregister erhalten,[1]) welches auch das Nordland berücksichtigt. Es ist indessen nur eine durchaus ungeordnete Notizensammlung über Lehen und Lehnsverleihungen, die auf erschöpfende Ausführlichkeit keinen Anspruch machen kann. Einen Überblick über den Umfang des Corveyschen Lehnbesitzes im 14. Jahrhundert vermag auch dieses Register nicht zu geben. Die Empfänger der Lehen sind mehrfach als Ministerialen bezeichnet; meist ist aber nicht klar, in welchem Abhängigkeitsverhältnis sie von dem Kloster stehen. Vergabt sind meist Bauernhöfe, und mancher Lehnsmann hat acht oder mehr Höfe, die an verschiedenen Orten zerstreut liegen. Seltener sind ganze Curien zu Lehen gegeben. Hierzu gehört auch die Curie Lotten, die um 1200 dem Kloster noch Abgaben zu zahlen hat. Sie ist um 1400 der Familie der Dwinghelo zu erblichem Lehnsbesitz übertragen.[2])

Ob diese Familie zuvor die Curie von Lotten als

---

[1]) Wigand, Arch. VI, S. 398 ff., VII, S. 246 ff., 293.

[2]) Staatsarchiv Münster, Msc. I A 134, S. 263: Ik Folkers van Dwinghelo bekenne unde bethuge openbar in dussem breve vor mech unde myne rechten erven, dat ek hebbe entfanghen den hof to Leiten [Lotten] mit ziner tobehoringhe van deme ersemen manne, her Dyderike Reboch, proveste des stichtes to Corbeye, utghezeghet sine gerechticheit, de he dar anne beholt, unde schal unde wille em unde dem stichte van Corbeye truwe und holt wesen, alze ein man synem heren van rechte schal. Des to kuntschap so heb ek myn ingesegel hanghen an dussen breff.

Meier besessen hat, ist leider nicht zu erkennen. Es wäre aber bei dem beständig abnehmenden Einfluß des Klosters auf seine Curien und den beständig sinkenden Abgaben derselben sehr natürlich, wenn es den Meiern gelungen wäre, für ihre faktisch fast unbeschränkte Verfügung über ihre Curien durch deren Übertragung zu Lehen einen förmlichen Rechtstitel zu erlangen.

Es ist wohl möglich, daß gegen Ende des Mittelalters die Corveyschen Curien des Nordlandes sich sämtlich in Lehen verwandelt haben. Denn schon im 14. Jahrhundert haben sie nur eine ganz geringe finanzielle Bedeutung für das Kloster. Ihre Abgaben von 18 bis 35 Schillingen[1]) konnten im 14. Jahrhundert kaum mehr bedeuten, als eine formale Anerkennung der Oberhoheit von Corvey, und die Hälfte aller in den Heberegistern verzeichneten Curien jener Zeit scheinen die Abgabenleistung ganz versäumt zu haben und sind deshalb ohne Angabe von Leistungen aufgeführt. Auch das scheint für eine vielfache Verleihung von Curien zu Lehen zu sprechen, daß in den Heberegistern des 14. Jahrhunderts nur noch halb soviel Curien notiert sind, als in denen des 12. Allerdings kennt man aus dem 14. Jahrhundert nur Probstregister. Doch scheinen nach 1200 alle Curien an den Probst übergegangen und dem entsprechend das frühere Abtsregister in ein Probstregister umgearbeitet zu sein.[2]) Die Probstregister des 14. Jahrhunderts dürften also alle damaligen Curien umfassen und die übrigen damals verloren gewesen sein, wahrscheinlich durch Verleihung zu Lehen.

---

[1]) Staatsarchiv Münster, Msc. I A 134, S. 284—293.
[2]) Man vergleiche Osnabr. U.-B. 379 mit Msc. I A 134, S. 291—293.

Die Folge der Villicationsbildung für die Zinsbauern bestand darin, daß sie nun statt unter dem Kloster unter dem Villicus standen und nur durch diesen mittelbar dem Kloster unterstellt waren. Schon dadurch, daß die Meier mit der Erhebung der Bauernabgaben beauftragt wurden, bahnte sich dieses Verhältnis an. Die Bauern zahlten nun ihre Abgabe nicht mehr an das Kloster, sondern an den Villicus. Deshalb unterscheidet auch das Kloster in dem Abtsregister aus dem Ende des 12. Jahrhunderts nicht mehr zwischen den Abgaben von den Curien und von den Bauern, sondern die Bauernabgaben erscheinen darin mit inbegriffen in den Curienabgaben. Je weniger aber mit der Zeit das Kloster auf die Verwaltung der Curien einen bestimmenden Einfluß ausüben konnte, desto abhängiger wurden diese von dem Meier, desto mehr betrachteten sie diesen, nicht mehr das Kloster als ihren Herrn. Die gesamten zu einer Curie gehörigen Bauern wurden nun zu einer Einheit, zu der familia ihres Meiers. Dieser, nicht mehr das Kloster wird nun die erledigten Bauernstellen neu besetzt haben, natürlich mit ihm genehmen Leuten. Denn wie die etwa nötige Neubestellung von Meiern einen Ausfluß des Herrschaftsrechtes darstellte, das der in der Urkunde von 1120 erwähnte Reinfried über eine Anzahl von Curien ausübte, ebenso werden die Meier als Herren ihrer Curien das gleiche Recht über ihre Bauern geübt haben. Einen natürlichen Ausfluß fand dieses Recht der Meier, die Bauernstellen zu besetzen, darin, daß jetzt die Abgaben von der Erbschaft nicht mehr dem Abt allein, sondern zum Teil den Meiern zufielen, wenigstens bei einer großen Zahl von Höfen. War die Erbschaftsabgabe an den Abt die Anerkennung davon, daß sie von diesem ihren Besitz hatten, so war jetzt die an den Meier die Bestätigung, daß sie diesem die Einsetzung in ihre Hufe verdankten. In der Urkunde aus dem Ende des 12. Jahrhunderts, betreffend die Lottener Villication, findet die Herrschaft des Villicus über seine Bauern darin ihren Ausdruck, daß er zugleich mit dem Besitz der Curie das Gericht daselbst, also das Hofgericht erhält, und auch dieser Fall, daß der Meier das Gericht über seine Bauern hat, daß er zugleich der scultetus ist, steht nicht allein da. Daß der Meier alsbald die von den Bauern erhobenen Abgaben nicht sämtlich an das Kloster ablieferte, war zunächst für den Bauern gleichgiltig, doch bald mag er verspürt haben, daß der Meier jetzt ein höheres Interesse an diesen Abgaben hatte und sie weit strenger einzog. Sehr bedeutsam war es aber für den Bauern, daß die Frohndienste, die er vordem für das Salland zu leisten hatte, jetzt der Wirtschaft des Meiers zugute kamen. Denn gerade diese persönlichen Leistungen, deren Höhe nicht bestimmt festgesetzt war, gab dem Meier Gelegenheit, die Kraft der Bauern übermäßig auszunutzen, sodaß seine Abhängigkeit geradezu zu einer Knechtschaft zu werden schien.

Daß die Bauern jetzt ihren Herrn ganz in der Nähe hatten, und einen weniger begüterten Herrn, dem es auf jeden Vorteil, den er von den Bauern haben konnte, weit mehr ankam, als dem reichen Kloster, das wohl instande war, einem in Bedrängnis geratenen Bauer Versäumnisse seiner Pflichten nachzusehen, das muß die Lage der Zinsbauern sehr verschlechtert haben, sodaß sich das Kloster genötigt sah, für sie einzuschreiten. Abt Konrad fühlte sich bewogen, im Jahr 1225 zugunsten seiner gesamten Zinsbauern festzustellen, daß sie nicht zu gänzlicher Knechtschaft herabgedrückt werden dürften: non violentia servitutis inoportune opprimantur,[1]) daß sie dem Kloster nicht durch Veräußerung entfremdet werden dürften und nur die billigen

---

[1]) Wilmans, Westf. Urk.-B. IV, Nr. 140.

Frohndienste von ihnen verlangt werden sollten: curruum et aratorum suorum servitia moderata interdum requirere poterunt. Die nahe bei Corvey ansässigen Bauern vermochte das Kloster auch zu schützen, es verhinderte die vollständige Herrschaft der dortigen Meier auf ihren Billicationen und entzog ihnen die Herrschaft über ihre Bauern, wie dieses aus einer für die Curie Hafersford ausgestellten Urkunde ersichtlich ist.[1]) Doch im Nordlande, wo sich die Herrschaft der Villici auf ihren Curien immer mehr befestigte, wird diese Fürsorge des Klosters für seine Bauern wenig geholfen haben.

Wenn diese Bauern etwas vor der Knechtschaft bewahrt hat, so kann das nur jene weiter oben dargestellte Entwicklung gewesen sein, die neben der beständigen Zunahme der Abhängigkeit von den Meiern einherging, daß nämlich auch sie auf ihren Besitzungen festeren Fuß faßten, die Höhe ihrer Pflichten fixiert und in Geld abgelöst wurde. Besonders die Verwandlung der Frohnden und Naturalabgaben in Geldzinse, die infolge der Geldentwertung immer geringfügiger wurden, muß die Stellung der Bauern sehr gehoben haben.

---

Während die Billicationen in die Hand der Meier kamen, richtete das Kloster eine kompliciertere Organisation seiner Einkünfte ein. Die Einlieferung der Abgaben wurde auf bestimmte Tage festgesetzt, und das Gesamtvermögen des Klosters wurde nach Aufhebung des gemeinsamen Haushaltes so geteilt, daß jeder der Würdenträger des Klosters seine bestimmte Präbende erhielt.

Im 11. Jahrhundert waren nur die Zehnten zwischen dem Abt und den übrigen Mönchen geteilt gewesen. Jetzt

---

[1]) Wigand, Geschichte von Corvey, Beilage VI.

hatte nicht nur der Abt und der Probst, sondern auch der portarius,[1]) der magister carpentariorum[2]) und die Brüderschaft der cruciferarii[3]) ihre besonderen, von bestimmten Curien herrührenden Einkünfte. Die wichtigste Teilung war indessen die zwischen Abt, Probst und fratres. Denn Abt und Probst lebten längst nicht mehr mit den Mönchen zusammen. Sie waren vornehme Herren geworden, die großen Hof hielten und eine bedeutende Zahl mit Lehen ausgestatteter Gefolgsleute, höhere und niedere Hofbeamte und Knechte täglich zu verpflegen hatten. So war auch jeder Meier angewiesen worden, diese Abgaben für den Probst, jene für den Abt, andere für die Mönche zu liefern.[4]) Teilweise scheint man aber noch weiter gegangen zu sein, so daß man gewisse Curien dem Abt, andere dem Probst zuwies, und diese Einrichtung scheint im Nordlande getroffen zu sein. Nur wenige Curien dieses Landesteiles kommen zugleich in dem Abtsregister und dem Probstregister aus dem Ende des 12. Jahrhunderts vor, die meisten sind entweder nur dem Abt oder nur dem Probst zu Abgaben verpflichtet. Indessen finden sich mehrere der im Abtsregister des 12. Jahrhunderts aufgeführten Curien im 14. Jahrhundert in Probstregistern, ja dieses Abtsregister selbst scheint später zu einem Probstregister umgearbeitet zu sein, so daß es den Anschein hat, als ob nach 1200 die Abtscurien des Nordlandes in die Hände des Probstes übergegangen seien.

---

[1]) Wigand, Archiv I 4, S. 50.
[2]) a. a. O. II, S. 2—5.
[3]) Wigand, Archiv I 4, S. 50. Kindlinger, M. B. II Urkunden, S. 109.
[4]) Wigand, Archiv II, Urkunden S. 1, 3. Kindlinger, M. B. II, Urkunden, S. 123 ff., 135, 227 ff.

Eine weitere Ausgestaltung in der Organisation der Klostereinkünfte wurde im 12. Jahrhundert auch für die Corveyer Besitzungen in dem Sinne vorgenommen, daß die Zeit, in der die Abgaben zu liefern sind, jetzt den Curien vorgeschrieben wird. In dem Register des 11. Jahrhunderts sind Ablieferungstermine nur ganz selten genannt. Die Speicher des Klosters werden sich im Winter, wenn das Korn ausgedroschen war, gefüllt haben, und es war nun die Aufgabe der Klosterverwaltung, das Getreide in einer bestimmten Ordnung nach Corvey, beziehungsweise nach Meppen oder Visbeck zu befördern, so daß die Mönche samt ihren Beamten und Knechten stets genügend Brod und für das Vieh Futter hatten. Ebenso wird es mit den Viehabgaben der Fall gewesen sein. Deren Ablieferungszeit wird sich wesentlich darnach gerichtet haben, ob das Kloster oder der Zinsbauer die kostspielige Stallfütterung im Winter zu tragen hatte, oder nach sonstigen Einflüssen der Jahresperiode auf die Viehhaltung. Deshalb ist die einzige Angabe, zu welcher Zeit das Abgabenvieh zu liefern sei, eine jahreszeitliche. Ein Schaf ist — wahrscheinlich ausnahmsweise — im Mai, vor der Schafschur einzuliefern (§. 11). Wenn die Zinsbauern des entfernten Westerwaldes (in der heutigen niederländischen Provinz Groningen) ihre Tuchabgaben zu Martini und Pfingsten abzuliefern haben (§. 21), so wird das damit zusammenhängen, daß sie nur zu Festtagen nach den Orten kamen, wo das Kloster größere Kirchen und Lagerräume besaß. Aus dem gleichen Grunde werden auch sonst die Abgaben zu den Festzeiten nach den Klosterspeichern gebracht sein.

Der Last, die eingelieferten Vorräte so lange verwahren zu müssen, bis sie gebraucht wurden, suchte sich nun im 12. Jahrhundert das Kloster dadurch zu entziehen, daß es den verschiedenen Curien auftrug, das Kloster zu bestimmten Tagen mit den nötigen Nahrungsmitteln zu versorgen. Diese Einrichtung erscheint erst in den Registern des 12. Jahrhunderts. Doch ob die Erträge der Salgüter nicht schon in früherer Zeit auf diese Weise dem Kloster zugeführt wurden, ist aus dem Grunde nicht zu erkennen, weil über die Ablieferung der Erträge des Sallandes in dem Heberegister des 11. Jahrhunderts nichts angegeben ist. Die Gesamtheit der Bedürfnisse des Klosters für einen Tag wird in den Heberegistern servitium diurnum genannt und ebenso die einer Woche servitium ebdomadale. Es sind auch andere Deutungen dieser Ausdrücke versucht worden,[1]) doch besagt der Wortlaut der Heberegister deutlich, daß das servitium diurnum, wie auch sonst in Deutschland, die Leistung für einen Tag bedeutet. Denn an einer Stelle wird es servitium abbatis ad unum diem genannt,[2]) und dem servitium diurnum des Corveyer Abtes entspricht offenbar das servitium cotidianum des Erzbischofs von Köln.[3]) Bei einigen Curien, die mehrere solche Tages=

---

[1]) Wigand (Die Dienste, S. 63 ff.) hält es nicht für möglich, daß täglich an dem Abtshofe soviel verbraucht sein kann, als das servitium diurnum des Abtes nach den Stellen beträgt, in denen seine Menge auseinandergesetzt wird. Er erblickt deshalb darin eine Leistung für die Hoftage des Abtes. Doch auch durch diese Deutung wird das, woran Wigand Anstoß nimmt, die Menge des an dem Abtshofe verzehrten, nicht aus der Welt geschafft. Daß eine große Zahl von Curien je ein solches bedeutendes servitium diurnum oder gar mehrere liefern, und daß die Gesamtsumme der servitia diurna von allen diesen Curien eine ganz gewaltige Summe der verschiedensten Gegenstände ausmacht, steht nach den Quellen fest, mag nun der Abtshof daran für das ganze Jahr genug haben oder sie in der kurzen aber bewegten Zeit der Hoftage verzehren. Mit Wigands Deutung verträgt sich auch nicht, daß der Probst und die gewöhnlichen Mönche gleichfalls servitia diurna erhalten.
[2]) Kindlinger, M. B. II, Urkunden, S. 126.
[3]) a. a. O., S. 147.

leistungen zu stellen haben, wird auch angegeben, für welche Tage des Jahres sie bestimmt sind, so tria servitia ad tria tempora, pascha, pentecosten, natale Domini.[1]) Am deutlichsten spricht sich der Begriff dieser Tagesleistung darin aus, daß dem Probste des Stiftes Enger XIII dierum servitium vel marca argenti gezahlt wird.[2]) Der Begriff des servitium ebdomadale ergiebt sich als ganz derselben Art aus den Ausdrücken servitium in ebdomada pasche[3]) und ebdomadale servitium, quod solvitur in natali sancti Jacobi.[4]) Weit häufiger, als diese Wochenleistung wird indessen die Tagesleistung erwähnt. Diese braucht sich nie dahin entwickelt zu haben, alle Tage des Jahres geliefert zu werden, wie bei dem Erzbischof von Köln. Das Prinzip, die Leistung für den einzelnen Tag zu sein, bleibt doch dasselbe. Tagesleistungen für den Probst und erst recht für die fratres werden soviel seltener erwähnt, als solche für den Abt, daß man glauben muß, daß wenigstens diesen nicht für jeden Tag eine Tagesleistung geliefert worden ist. In dem Nordlande kommen nur für den Abt Tagesleistungen vor. Eine solche hat eine ganz bestimmte Größe und besteht aus bestimmten Mengen der verschiedenen Gegenstände, deren der Abtshof täglich bedarf. Dasselbe Heberegister des Abtes, in dem auch die Curien des Nordlandes erwähnt sind, giebt die Höhe der Tagesleistung an auf 5 Malter Weizen, 2 Malter Roggen, 10 Malter Hafer und 60 Scheffel Gerste, ferner auf 6 fette Schweine und

---

[1]) Wigand, Arch. II, S. 1. Ähnlich Kindlinger, M. B. II, Urkunden, S. 113 f., 133 f.
[2]) Osnabr. U.-B. 238.
[3]) Kindlinger, M. B. II, Urkunden, S. 133.
[4]) a. a. O. S. 113. Dasselbe ist zu ersehen aus Mösers Osnabrückischer Geschichte 1780, Teil 2, documentum LXXXX, S. 118, 122.

1 Spanferkel, 2 Gänse, 10 junge Hühner, 12 Denare anstelle von Fischen, 30 Schafkäse und 2 große Käse, einen Scheffel Salz, einen Korb Senf, 100 Schüsseln, 33 Körbe, Hufeisen, Lein und anderes mehr.[1]) Eine andere, mit dieser im wesentlichen übereinstimmende Beschreibung des servitium diurnum hat mancherlei hiervon nicht, aber außerdem 30 Seidel Bier, 1 Seidel Honig und 100 Eier.[2]) Diese Menge der verschiedensten Gegenstände wird für den Tagesbedarf des Abtshofes nicht zu groß erscheinen, wenn man bedenkt, daß keiner der Hofbeamten, Diener und Knechte Lohn erhielt, sondern daß alle am Hofe gespeist und verpflegt wurden, wie man dies z. B. bis in das Einzelste aus der Darlegung des täglichen Bedarfes des Kölner Erzbischofshofes ersieht.[3]) Dessen Bedarf ist noch mehrmals größer. Es werden z. B. 24 große Schweine und 8 kleinere, an den drei großen Festtagen außerdem noch 12 kleinere Schweine, ferner eine halbe Kuh, 24 Käse, 230 Eier, 650 Schüsseln u. s. w. an jedem Tage gebraucht. Jeder Curie die Abgabe der gleichen Sachen für den täglichen Bedarf des Hofes dieser Art aufzulegen, war nur möglich, wenn es den Meiern erlaubt war, die Lieferung derjenigen Gegenstände, die sie von ihrer Curie nicht gewannen, oder die ganze Tagleistung in Geld abzulösen. Ihr Wert wird zu 1½ Mark, einmal aber nur zu 1 Mark angegeben. Daß dieser nicht immer gleich groß ist, will schlecht dazu passen, daß sie eine fest bestimmte Menge von Naturalabgaben bedeutet. Das ist nur möglich, wenn auch unvollständige Tagleistungen so genannt worden sind. Fische zu liefern werden längst nicht alle Curien imstande gewesen sein; deshalb heißt es auch in der Dar-

---

[1]) Kindlinger, M. B. II, Urkunden, S. 229.
[2]) Kindlinger, M. B. II, Urkunden, S. 126.
[3]) a. a. O., S. 147.

legung des Begriffes Tagleistung 12 Denare anstatt Fischen. Die Curien des Nordlandes, die auf ihren Haiden keine Schweine halten und von ihrem dürftigen Boden keinen Weizen gewinnen konnten, werden anstatt dieser Naturalien Geld gezahlt haben. Der verschiedenen Größe der Curien wurde diese Organisation dadurch angepaßt, daß manche Curien ein diurnum servitium, andere zwei oder drei lieferten. Außerhalb des Nordlandes wird einmal auch eine halbe Tagleistung genannt.[1]) Doch auch hiermit konnte den mannigfachen Größen der Curien nicht ganz entsprochen werden. Diese haben daher außer den Tagleistungen noch Abgaben in der alten Weise in den Speicher des Klosters zu nicht angegebenen Terminen zu liefern.

Als die Naturalabgaben später in Geldabgaben verwandelt wurden, bei denen es nicht darauf ankam, daß sie genau zu den Tagen geliefert wurden, an denen das Kloster sie gebrauchte, hatte die Organisation der Abgaben nach Tagleistungen keinen Sinn mehr, und sie wurde nun wieder beseitigt. Dagegen ergab sich der Termin der Geldzahlungen nicht, wie der der Naturalabgaben aus der Jahreszeit von selber. Er mußte also bestimmt und in den Heberegistern vermerkt werden. Die Termine zu der Zahlung von Geldabgaben waren im 14. Jahrhundert zumeist Martini (10. November) und Crucis (3. Mai).

---

Das Gesamtbild, das die Entwickelung der Corveyschen Gutswirtschaft im Nordlande gewährt, ist das des allmählichen Entgleitens des schnell und leicht erworbenen Landbesitzes aus der Hand seines Grundherrn. Im 9. Jahrhundert waren die Benediktiner-Klöster die besten Landwirte

---

[1]) Kindlinger, M. B. II. Urkunden, S. 112.

Deutschlands, die Meister der Organisation großer Grundbesitzungen. Corvey verstand es, aus der großen Zahl von Landgütern, die ihm die karolingischen Könige in den Jahren 834 und 855 mit den Missionszellen Meppen und Visbeck geschenkt hatten, ein leistungsfähiges Ganze zu bilden, von dem es reiche Summen beziehen und zur Pflege der Frömmigkeit und wissenschaftlicher Muße verwenden konnte. So lange die kräftige Hand der Ludolfinger, Billunger und Salier die Rechtssicherheit aufrecht erhielt und fast nur Grenzkriege mit den Friesen die Ruhe des Nordlandes störten, erhielt sich die Blüte der Corveyschen Gutsverwaltung. Und doch beginnen im Stillen die Tendenzen der Decentralisation schon zu erstarken. Wie schwer es ist, unter naturalwirtschaftlichen Zuständen einen bedeutenden Besitz zusammenzuhalten, ersieht man daraus, daß sich die Abhängigkeit der Zinsbauern ganz allmählich zu lockern begann. Sie wurden zu erblichen Inhabern ihrer Zinsgüter, und der Verlust ihres Nachlasses an das Kloster schwächte sich zu einer gelinden Erbschaftsabgabe ab; auch die Frohnden wurden geregelt und ablöslich. Offen trat die Zersetzung des Corveyschen Grundbesitzes aber erst nach dem Jahre 1073 hervor, als die Rechtstitel und das Ansehen der geistlichen Herren bei den ewigen Kämpfen und Fehden gegen die Übergriffe der erstarkenden Ministerialität machtlos wurden. Die geistliche Organisation zur Überwachung der Hörigen und Einsammlung des Klostereinkommens zerfiel in sich. Durch das ganze Mittelalter zieht sich das Bestreben der Laienaristokratie, das reiche Kirchengut an sich zu reißen. Nur der besondere königliche Schutz, dessen sich dieses unter den Ottonen und Saliern erfreut hatte, hatte seiner Verwaltung jene stete Sicherheit verliehen, die es zum Träger alles Kulturfortschrittes im damaligen ganz bäurischen Deutschland gemacht hatte. Je mehr sich seit Heinrich IV.

das enge Verhältnis zwischen Königtum und Klerus lockerte, desto weniger vermochte die Geistlichkeit die wirtschaftliche Fortentwickelung ihrer Grundherrschaften dort aufrecht zu erhalten, wo sie ihre Güter nicht zu Territorien abrunden konnte. Während sich an der Weser ein Corveysches Fürstentum bildete, verfielen im Nordlande die Corveyschen Güter einer bald gewaltsamen, bald fast unmerklichen Säcularisation. Auf ihren Curien erstarkten die Meier, die, zur Vertretung der Klostermacht gegenüber den um ihr Salland angesiedelten Bauern ausersehen, diese einflußreiche Vertrauensstellung dazu benutzten, um dem Kloster die Nutznießung seines Landes, die freie Vergebung der durch Todesfall erledigten Curien und die Herrschaft über die Zinsbauern mehr und mehr zu entziehen. Die Thatsache, daß die Curien nur noch formell von dem Kloster abhängig waren, fand endlich in deren Vergebung zu Lehen auch ihren rechtlichen Ausdruck.

---

Um einen Ueberblick über den Corveyschen Güterbesitz, soweit ihn das Heberegister des 11. Jahrhunderts gestattet, zu geben, sind als Anlagen die folgenden tabellarischen Uebersichten beigefügt.

## Ueberſicht

der in §§. 11—15 des Heberegiſters aus dem 11. Jahrhundert verzeichneten Corveyſchen Beſitzungen im Nordlande nach der Größe geordnet.

| | Namen der Abgabepflichtigen | Scheffel | | Abgaben | | | | | |
|---|---|---|---|---|---|---|---|---|---|
| | | | | Stück | | Eimer | Stück | | |
| | | Roggen | Hafer | Schaf | Schwein | Honig | Tuch | Fell | Denare |
| 40 Morg. | Adalgo Meppen §. 13 | 30 | 10 | 2 | 1 | 1 | 2 | — | 8 |
| | à 10 Morgen: | 7,5 | 2,5 | 0,5 | 0,25 | 0,25 | 0,5 | — | 2 |
| 20 Morgen | Hojo, Werlte §. 15 | 30 | 6 | 2 | 1 | 1 | 2 | — | — |
| | Heligo, Meppen §. 11 | 30 | — | 2 | — | 1 | 4 | 2 | — |
| | Dedo, Meppen §. 11 | 10 | — | 2 | — | — | — | 4 | — |
| | Huſigo, Wachendorf § 12 | — | — | 2 | — | 1 | 2 | 5 | — |
| | Boigo, Wachend. §. 12 | — | — | 4 | — | 1 | 3 | 8 | — |
| | Luizo, „ „ | 30 | — | 2 | — | — | 3 | — | — |
| | Vater, „ „ | — | — | 2 | — | 1 | 3 | — | — |
| | Ruodwart „ „ | — | — | 2 | — | 1 | 2 | — | — |
| | Ado, Wachend. §. 12 | — | — | 2 | — | — | 2 | — | — |
| | Ado, „ „ | 12 | — | 1 | — | — | — | — | — |
| | Landico, Wachendorf §. 15 | 20 | 18 | 1 | — | — | — | — | — |
| | Sasbold, Schwegdorf §. 12 | — | — | 1 | — | — | — | — | — [1] |
| | Dedde, Schwegdorf §. 12 | 20 | 10 | 1 | — | — | — | 2 | — |
| | zuſammen | 152 | 34 | 24 | 1 | 6 | 21 | 21 | — [2] |
| | auf die Perſon | 11,7 | 2,6 | 1,8 | 0,08 | 0,5 | 1,6 | 1,6 | — [3] |
| | von 10 Morgen | 5,8 | 1,3 | 0,9 | 0,04 | 0,3 | 0,8 | 0,8 | — [4] |
| 20—40 Morgen | zuſammen | 182 | 44 | 26 | 2 | 7 | 23 | 21 | 8 |
| | auf die Perſon | 13 | 3,1 | 1,8 | 0,14 | 0,5 | 1,6 | 1,5 | 0,6 |
| | von 10 Morgen | 6,1 | 1,4 | 0,9 | 0,06 | 0,2 | 0,8 | 0,7 | 0,3 |
| 16 Morgen | Hildibern, Meppen §. 11 | 4 | — | 1 | — | — | — | 2½ | — |
| | Vader, Wachendorf §. 12 | — | — | 1 | — | — | — | 5 | — |
| | Ennicho, Wachendorf §. 12 | 20 | — | 1 | — | — | — | — | — |
| | zuſammen | 24 | — | 3 | — | — | — | 7½ | — |
| | auf die Perſon | 8 | — | 1 | — | — | — | 2,3 | — |
| | von 10 Morgen | 1,8 | — | 0,7 | — | — | — | 1,7 | — |

[1] 24 carradas Holz.
[2] 24 carr. Holz.
[3] 1,8 carr. Holz.
[4] 0,3 carr. Holz.

| | Namen der Abgabepflichtigen | Roggen | Hafer | Schaf | Schwein | Honig | Tuch | Fell | Denare |
|---|---|---|---|---|---|---|---|---|---|
| 15 Morgen | Williberu, Berßen §. 14 | 30 | 10 | 2 | 1 | — | — | — | 8 |
| | Ruodold, Eisten §. 15 | 30 | 6 | 2 | 1 | — | — | — | — |
| | Reindac, Wehm §. 15 | 20 | 10 | 2 | 2 | — | — | — | — |
| | Osich, Wiste §. 15 | 30 | 6 | 2 | 1 | — | — | — | — |
| | Evego, Meppen §. 13 | 20 | 15 | 2 | — | — | — | — | — |
| | Bruoder, Meppen §. 13 | 20 | 10 | 2 | — | — | — | — | — |
| | Heigo, Meppen §. 13 | 20 | 10 | 2 | — | — | — | — | — |
| | Boicho, Wachendorf §. 12 | 8 | — | 1 | — | — | — | 2 | — |
| | zusammen | 178 | 67 | 15 | 5 | — | — | 2 | 8 |
| | auf die Person | 22,2 | 8,4 | 1,9 | 0,6 | — | — | 0,3 | 1 |
| | von 10 Morgen | 14,1 | 5,6 | 1,2 | 0,4 | — | — | 0,2 | 0,7 |
| 15—16 Morgen | zusammen | 202 | 67 | 18 | 5 | — | — | 9,5 | 8 |
| | auf die Person | 18,4 | 6,1 | 1,6 | 0,5 | — | — | 0,9 | 0,7 |
| | von 10 Morgen | 12 | 3,9 | 1,1 | 0,3 | — | — | 0,6 | 0,5 |
| 12 Morgen | Boico, Berßen §. 14 | 20 | 8 | 2 | 1 | — | — | — | — |
| | Geigo, Dörpen §. 14 | 12 | 8 | 1 | — | — | — | — | — |
| | Bruoder, Hülsen §. 14 | 20 | 10 | 1 | — | — | — | — | — |
| | Meginzo, Hüven §. 15 | 10 | 12 | 2 | 1 | — | — | — | — |
| | Edo, Naten §. 13 | 20 | 10 | 2 | 1 | — | — | — | 8 |
| | Brio, Wachendorf §. 12 | 10 | — | 2 | — | — | — | 2 | — |
| | Adalgo, Wachendorf §. 12 | 8 | 9 | 1 | — | — | — | — | — |
| | Boicho, Wachendorf §. 12 | — | 15 | 1 | — | ½ | 2 | — | — |
| | Vocco, Wachendorf §. 12 | — | 11 | 1 | — | ½ | 2 | — | — |
| | zusammen | 100 | 82 | 13 | 3 | 1 | 4 | 2 | 8 |
| | auf die Person | 11,1 | 9,1 | 1,4 | 0,3 | 0,1 | 0,4 | 0,2 | 0,9 |
| | von 10 Morgen | 9,1 | 7,5 | 1,2 | 0,3 | 0,1 | 0,4 | 0,2 | 0,7 |
| 10 Morgen | Eigo, Berßen §. 14 | 18 | 8 | 1 | 1 | — | — | — | — |
| | Quizo, Fullen §. 13 | 20 | 10 | 2 | 1 | — | — | — | 8 |
| | Wolverich, Wehm §. 15 | 14 | 10 | 1 | — | — | — | — | — |
| | Diozo, Meppen §. 11 | — | 10 | 2 | — | — | — | 5 | — |
| | Brundac, Wachendorf §. 12 | 8 | — | 1 | — | — | — | 2 | — |
| | Adwart, Wachendorf §. 12 | 10 | — | 1 | — | — | — | — | — |
| | zusammen | 70 | 38 | 8 | 2 | — | — | 7 | 8 |
| | auf die Person | 11,7 | 6,3 | 1,3 | 0,3 | — | — | 1,1 | 1,3 |
| | von 10 Morgen | 11,7 | 6,3 | 1,3 | 0,3 | — | — | 1,1 | 1,3 |
| 10—12 Morgen | zusammen | 170 | 120 | 21 | 5 | 1 | 4 | 9 | 16 |
| | auf die Person | 11,3 | 8 | 1,4 | 0,3 | 0,07 | 0,3 | 0,6 | 1,1 |
| | von 10 Morgen | 10 | 7 | 1,2 | 0,3 | 0,06 | 0,2 | 0,5 | 0,9 |

| | Namen der Abgabepflichtigen | Roggen | Hafer | Schaf | Schwein | Honig | Tuche | Fell | Denare |
|---|---|---|---|---|---|---|---|---|---|
| 8 Morgen | Bruoder, Broken §. 13 | 12 | 8 | 1 | — | — | — | — | — |
| | Gerwan, " | 12 | 8 | 1 | — | — | — | — | — |
| | Wlderich, Hüven §. 15 | 8 | — | 1 | — | — | — | — | — |
| | Stgewal, Wachendorf §. 12 | 6 | — | 1 | — | — | — | 2 | — |
| | Dudi, Wachendorf §. 12 | 6 | — | 1 | — | — | — | 2 | — |
| | Baldicho, Wachendorf §. 12 | 10 | — | 1 | — | — | — | — | — |
| | zusammen | 54 | 16 | 6 | — | — | — | 4 | — |
| | auf die Person | 9 | 2,6 | 1 | — | — | — | 0,6 | — |
| | von 10 Morgen | 11,2 | 3,3 | 1,2 | — | — | — | 0,8 | — |
| 6 Morgen | Linder, Helte §. 15 | 8 | 6 | 1 | 1 | — | — | — | — |
| | Seri, Wachend. §. 12 | — | 10 | 1 | — | — | — | — | — |
| | zusammen | 8 | 16 | 2 | 1 | — | — | — | — |
| | auf die Person | 4 | 8 | 1 | 0,5 | — | — | — | — |
| | von 10 Morgen | 6,6 | 13,3 | 1,7 | 0,8 | — | — | — | — |
| 5 Morgen | Meginzo, Berßen §.14 | 8 | 6 | 1 | — | — | — | — | — |
| | Odolf, Meppen §. 13 | — | 5 | — | — | — | — | — | — |
| | Herricha, Meppen §. 13 | — | 5 | — | — | — | — | — | — |
| | zusammen | 8 | 16 | 1 | — | — | — | — | — |
| | auf die Person | 2,6 | 5,3 | 0,3 | — | — | — | — | — |
| | von 10 Morgen | 5,3 | 10,7 | 0,7 | — | — | — | — | — |
| 3 Morgen | Brunhart, Wachend. §. 12 | 5 | — | ¹/₂ | — | — | — | — | — |
| | von 10 Morgen | 16,6 | — | 1,6 | — | — | — | — | — |
| 3—8 Morgen | zusammen | 75 | 48 | 9,5 | 1 | — | — | 4 | — |
| | auf die Person | 6,2 | 4 | 0,8 | 0,08 | — | — | 0,3 | — |
| | von 10 Morgen | 9,3 | 6,2 | 1,2 | 0,1 | — | — | 0,5 | — |

**Die Corveyschen Zinsbauern des Nordlandes in §§. 11—38 des registers aus dem 11. Jahrhundert nach Ortschaften geor**

| Ortschaft | Zahl der Hofstellen | Morgen Acker | Scheffel | | | Abgaben von: Stück | | | | |
|---|---|---|---|---|---|---|---|---|---|---|
| | | | Roggen | Hafer | Gerste | Schafe | Schweine | Rinder | Rindsfelle | Tuche |
| **Kreis Hümmling.** | | | | | | | | | | |
| Berßen §. 14 | 4 | 42 | 74 | 42 | — | 6 | 3 | — | — | — |
| Esten §. 15 | 1 | 15 | 30 | 6 | — | 2 | 1 | — | — | — |
| Hüven §. 15 | 2 | 20 | 18 | 12 | — | 3 | 1 | — | — | — |
| Lastrup §. 23 | 2 | ? | 24 | 6 | — | 3 | — | — | — | 2 |
| Sögel §. 21 | 3 | ? | 40 | — | — | 6 | — | — | — | 3 |
| Spahn §. 20 | 1 | ? | 13 | — | — | 1 | — | — | — | 1 |
| Uebertrag | 13 | ? | 199 | 66 | — | 21 | 5 | — | — | 6 |

| Ortschaft | Zahl der Hofstellen | Morgen Acker | Roggen | Hafer | Gerste | Schafe | Schweine | Rinder | Rindsfelle | Tuche | Honig | Denare |
|---|---|---|---|---|---|---|---|---|---|---|---|---|
| **Kreis Hümmling.** | | | | | | | | | | | | |
| Uebertrag | 13 | ? | 199 | 66 | — | 21 | 5 | — | — | 6 | — | 8 |
| Bachtum §. 24 | 4 | ? | 79 | 9 | — | 7 | — | — | — | 4 | — | — |
| Bahn §. 21 | 1 | ? | 15 | — | — | 2 | — | — | — | 1 | — | — |
| Behm §. 15 | 2 | 25 | 34 | 20 | — | 3 | 2 | — | — | — | — | — |
| Berlte §. 15 | 1 | 20 | 30 | 6 | — | 2 | 1 | — | — | 2 | 1 | — |
| Werpeloh §. 20 | 3 | ? | 36 | — | — | 4 | — | — | — | 3 | — | — |
| Wiste §. 15 | 1 | 15 | 30 | 6 | — | 2 | 1 | — | — | — | — | — |
| | 25 | ? | 423 | 107 | — | 41 | 9 | — | — | 16 | 1 | 8 |
| **Kreis Aschendorf.** | | | | | | | | | | | | |
| Aschendorf §. 19 | 2 | ? | 23 | — | — | 3 | — | — | — | 2 | — | — |
| Ahlen §. 19 | 2 | ? | 40 | — | — | 4 | — | — | — | 2 | — | — |
| Borsum §. 19 | 1 | ? | 12 | — | — | — | — | — | — | 1 | — | — |
| Dersum §. 18 | 7 | ? | 109 | — | — | 14 | — | — | — | 7 | — | — |
| Dörpen §. 19 | 1 | ? | 20 | — | — | 2 | — | — | — | 1 | — | — |
| Däthe §. 20 | 2 | ? | 18 | — | — | 2 | — | — | — | 2 | — | — |
| Emen §. 18 | 3 | ? | 48 | — | — | 6 | — | — | — | 3 | — | — |
| Hilter §. 18 | 1 | ? | — | — | — | 2 | — | — | — | 2 | — | — |
| Langen §. 18 | 8 | ? | 150 | — | — | 16 | — | — | — | 9 | — | — |
| Pathen §. 17 | 3 | ? | — | 30 | — | — | — | — | — | — | — | — |
| Rhede §. 19 | 2 | ? | 28 | — | — | 4 | — | — | — | 2 | — | — |
| Sustrum §. 18 | 2 | ? | 30 | — | — | 4 | — | — | — | 2 | — | — |
| Tinnen §. 21 | 3 | ? | 44 | — | — | 4 | — | — | — | 3 | — | — |
| | 37 | ? | 516 ? | 36 ? | — | 60 | — | — | — | 36 | — | — |
| **Provinz Groningen.** | | | | | | | | | | | | |
| Westerwalde §. 15 | 1 | 3 | — | — | — | — | — | — | — | 2 | — | —[1] |
| " §. 21 | 7 | ? | — | — | — | — | — | — | — | 12 | — | —[2] |
| | 8 | ? | — | — | — | — | — | — | — | 14 | — | —[3] |
| **Kreis Meppen (Agradingau).** | | | | | | | | | | | | |
| Andrup §. 20 | 6 | ? | 98 | — | 37 | 5 | 3 | — | — | 2 | — | 24 |
| Bokeloh §§. 23, 26 | 2 | ? | 40 | 3 | — | 2 | — | — | — | 1 | 1½ | — |
| Borken §. 13 | 2 | 16 | 24 | 16 | — | 2 | — | — | — | — | — | — |
| Bückelte §. 23 | 1 | ? | 20 | 3 | — | — | — | — | — | — | — | — |
| Dörgen §. 14 | 1 | 12 | 12 | 8 | — | 1 | — | — | — | — | — | — |
| Eltern §§. 24, 29 (lückenhaft.) | 3 | ? | 42 | 7 | 10 | 3 | 1 | — | — | 3 | 2 | 6 |
| Fullen §. 13 | 1 | 10 | 20 | 10 | — | 2 | — | — | — | — | — | — |
| Geeste §. 23 | 1 | ? | 15 | 3 | — | 2 | — | — | — | 1 | — | — |
| Haren §. 17 | 2 | ? | 24 | — | — | 2 | — | — | — | 3 | — | — |
| Helte §. 15 | 1 | 6 | 8 | 6 | — | 1 | — | — | — | — | — | — |
| Herzlake §§. 24, 26 (lückenhaft.) | 2 | ? | 40 | — | — | 1 | — | — | — | — | — | — |
| Holthusen §. 17 | 2 | ? | 20 | 20 | — | 2 | — | — | — | — | — | — |
| Hülsen §§. 14, 23 | 1+1 | 12+? | 40 | 13 | — | 2 | — | — | — | — | 7½ | — |
| Lage §. 22 | 1 | ? | — | — | — | — | — | — | — | — | — | — |
| Labre §. 23 | 3 | ? | 50 | 6 | — | 2 | — | — | — | 2 | — | — |
| Lotten §. 23 | 6 | ? | 121 | 6 | — | 5 | — | — | — | 5 | — | — |
| Mepp. §§. 11, 14, 23 | 10+1 | 161+? | 100 | 55 | — | 8 | 1 | — | 13½ | 2 | 1 | — |
| Raken §§. 13, 23 | 1+2 | 12+? | 40 | 10 | — | 4 | — | — | — | — | — | — |
| Wachend. §§. 12, 15 | 25 | 337 | 151 | 63 | — | 30½ | — | — | 28 | 25 | 5 | — |
| | 75 | ? | 865 | 229 | 47 | 74½ | 5 | — | 41½ | 44 | 17 | 30 |

[1]) 20 Stück Fische. — [2]) 14 siclos Fische. — [3]) 20 Stück + 14 siclos Fische.

| Ortschaft | Zahl der Hofstellen | Morgen Acker | Roggen | Hafer | Gerste | Schafe | Schweine | Rinder | Rindsfelle | Tuche | Honig |
|---|---|---|---|---|---|---|---|---|---|---|---|
| **Kreis Bentheim.** | | | | | | | | | | | |
| Esche §. 17 | 4 | ? | 60 | 24 | — | 4 | — | — | — | — | |
| **Kreis Lingen (Venkigau).** | | | | | | | | | | | |
| Anbervenne §. 26 | 7 | ? | 66 | — | 16 | 13 | — | — | — | 6 | 8 |
| Laccum §. 27 | 1 | ? | 20 | — | 10 | 1 | — | — | — | — | |
| Hange §. 26 | 1 | ? | — | — | — | — | — | — | — | — | |
| Lengerich §. 28 | 1 | ? | 10 | — | 10 | 2 | — | — | — | 1 | |
| Messingen §§. 25, 27 | 3 | ? | 8 | — | 8 | 4 | — | — | — | 1 | 12[1] |
| Ostwie §. 27 | 1 | ? | 8 | — | 8 | 2 | — | — | — | 1 | 1 |
| Plantlünne §. 25 | 1 | ? | — | — | — | 1 | — | — | — | 1 | |
| Subberwehn §. 28 | 1 | ? | 6 | — | 6 | 1 | — | — | — | — | |
| Suttrup §§ 27, 37 | 6 | ? | 55 | 24 | 31 | 9 | — | — | — | 3 | |
| Thuine §. 27 | 1 | ? | 12 | — | 6 | 1 | — | — | — | — | |
| Venslage §. 27 | 3 | ? | 34 | — | 37 | 4 | — | — | — | 2½ | |
| Wilsten §. 27 | 1 | ? | 6 | — | 6 | 1 | — | — | — | — | |
| | 27 | ? | 225 | 24 | 188 | 39 | — | — | — | 15½ | 39 |
| **Kreis Tecklenburg.** | | | | | | | | | | | |
| Staden §. 24 | 2 | ? | 6 | — | 6 | — | — | — | — | 2 | |
| Westercapp. §. 38 | 1 | ? | 2 | — | 18 | 1 | — | — | — | — | |
| Wersen §. 38 | 1 | ? | ? | — | 10 | 1 | — | — | — | — | |
| | 4 | ? | 8+? | — | 24 | 2 | — | — | — | 2 | |
| **Kreis Versenbrück (Varngau).** | | | | | | | | | | | |
| Berghausen §. 38 | 1 | ? | 7 | 32 | — | 1 | — | — | — | — | |
| Herbergen §. 31 | 1 | ? | 8 | 8 | — | 1 | — | — | — | 1 | |
| Hinnenkamp §. 37 | 1 | ? | 4 | 16 | — | — | — | — | — | — | |
| Schwagdorf §. 12 | 2 | 40 | 20 | 10 | — | 2 | — | — | 2 | — | |
| "       §. 26 | 2 | ? | 22 | — | — | 3 | — | — | — | 2 | |
| Westrup? §. 37 | 1 | ? | 6 | 6 | — | 1 | — | — | — | — | |
| | 7 | ? | 63 | 56 | — | 8 | — | — | 2 | 3 | |
| **Kreis Cloppenburg (Hasegau und Lerigau).** | | | | | | | | | | | |
| Ahausen §. 31 | 1 | ? | 8 | 8 | — | 2 | — | — | — | 2 | |
| Drantum §. 32 | 1 | ? | 8 | — | — | 1 | — | — | — | — | |
| Emsteck §. 31 | 6 | ? | 28 | 28 | — | 6 | — | — | — | 10 | |
| Halen §. 32 | 1 | ? | — | — | — | 1 | — | — | — | 3 | |
| Hemmelte §. 31 | 1 | ? | 18 | — | — | 1 | — | — | — | 1 | |
| Sevelden §. 31 | 2 | ? | 16 | 16 | — | 2 | — | — | — | 2 | |
| | 12 | ? | 74? | 56? | — | 13 | — | — | — | 18 | |
| **Kreis Wildeshausen (Lerigau).** | | | | | | | | | | | |
| Barglay §. 30 | 1 | ? | 6 | 6 | — | 1 | — | — | 1 | — | |
| Dsingstrup §. 30 | 1 | ? | 8 | 8 | — | 1 | — | — | — | — | |
| Kneten §§. 29, 30 | 5 | ? | 20 | 22 | — | 5 | — | — | 10 | — | |
| Sage §. 29 | 1 | ? | — | — | — | 1 | — | — | — | — | |
| Spasche §. 30 | 1 | ? | — | 14 | — | 1 | — | — | 1 | — | |
| | 9 | ? | 34 | 50 | — | 9 | — | — | 12 | — | |

[1]) 24 carradas Holz.

| Ortschaft | Zahl der Hofstellen | Morgen Acker | Roggen | Hafer | Gerste | Schafe | Schweine | Rinder | Rindsfelle | Tuche | Honig | Denare |
|---|---|---|---|---|---|---|---|---|---|---|---|---|
| *Kreis Vechta (Lerigau).* ||||||||||||
| Astrup §. 37 | 2 | ? | 20 | — | — | 2 | — | — | — | — | — | — |
| Bakum §. 36 | 1 | ? | — | 8 | — | 1 | — | — | — | 1 | — | — |
| Bonrechtern §. 35 | 2 | ? | — | — | — | 2 | — | — | — | 3 | — | — |
| Bunne §. 36 | 1 | ? | 12 | — | — | 1 | — | — | — | — | — | — |
| Finen §. 35 | 1 | ? | — | — | — | 1 | — | — | — | 1 | — | — |
| Fimelage §. 36 | 5 | ? | 30 | 22 | — | 5 | — | — | — | 4 | — | — |
| Feine §. 37 | 2 | ? | ? | 30? | — | 2 | — | — | — | — | — | — |
| Grapperhausen §. 37 | 3 | ? | 15 | 6 | — | 3 | — | — | — | — | — | — |
| Hagstedt §. 32 | 3 | ? | ? | ? | — | 3 | — | — | — | 3 | — | — |
| Hausstätte §. 36 | 1 | ? | 8 | — | — | 1 | — | — | — | 1 | — | — |
| Hogenbägen §.32 | 4 | ? | 12? | 12? | — | 3 | — | — | — | 3 | — | — |
| Holthausen §. 31 | 1 | ? | 10 | ? | — | 1 | — | — | — | 1 | — | — |
| Kerloh §. 30 | 1 | ? | 14 | — | — | 1 | — | — | — | — | — | — |
| Lohr §. 34 | 4 | ? | 39? | 80? | — | 4 | — | — | — | 4 | — | — |
| Lüsche §. 36 | 2 | ? | 20 | — | — | 2 | — | — | — | 2 | — | — |
| Mürschendorf §.31 | 3 | ? | 21 | 21 | — | 3 | — | — | — | 3 | — | — |
| Nordböllen §§.30, 35 | 3 | ? | — | 40 | — | 3 | — | — | — | — | 1 | — |
| Oldorf §. 37 | 1 | ? | 10 | — | — | — | — | — | — | — | — | — |
| Ostböllen §. 30 | 1 | ? | — | — | — | 1 | — | — | — | 1 | — | — |
| Osthe §§. 30, 35 | 5 | ? | 12 | 22 | — | 5 | — | — | — | 7 | — | — |
| Siebenbägen §.30 | 1 | ? | 10 | — | — | 1 | — | — | — | 1 | — | — |
| Visbeck §§. 29, 35 | 20 | ? | 89 | 103 | — | 19 | — | — | — | 14 | — | — |
| | 67 | ? | 312+? | 354+? | — | 64 | — | — | — | 49 | 1 | — |
| *Kreis Diepholz (Lerigau).* ||||||||||||
| Alboff §. 34 | 1 | ? | 10 | — | — | 1 | — | — | — | 1 | — | — |
| Barnstorf §. 33 | 9 | ? | 59 | 80 | — | 9 | — | — | — | 9 | — | — |
| Dickel §. 34 | 1 | ? | 6 | 6 | — | 1 | — | — | — | 1 | — | — |
| Drebber §. 34 | 1 | ? | — | — | — | 1 | — | — | — | 1 | — | — |
| Drecke §. 34 | 1 | ? | 8 | 8 | — | 1 | — | — | — | — | — | — |
| Düste §. 34 | 1 | ? | 12 | — | — | 2 | — | — | — | — | — | — |
| Gothel §. 34 | 2 | ? | 20 | — | — | 2 | — | — | — | — | — | — |
| Rechtern §. 34 | 1 | ? | 9 | 12 | — | 1 | — | — | — | 1 | — | — |
| Rheden §. 34 | 1 | ? | — | — | — | 1 | — | — | — | 3 | — | — |
| Walsen §. 34 | 1 | ? | — | — | — | 1 | — | — | — | 2 | — | — |
| | 19 | ? | 124 | 106 | — | 20 | — | — | — | 18 | — | — |
| *Kreis Syke.* ||||||||||||
| Rüssen §. 35 | 2 | ? | — | 27 | — | 2 | — | — | — | 4 | — | — |
| *Kreis Melle.* ||||||||||||
| Meesdorf §. 38 | 8 | ? | 58 | 132 | — | 8 | — | — | — | — | — | — |
| Burgundun §.24 | 4 | ? | 37 | — | 18 | 3 | — | 1½ | — | 1½ | — | — |
| Hornun §. 28 | 3 | ? | — | — | — | 6 | — | — | — | 13 | 15 | — |
| Hur . . . §.37 | 1 | ? | 12 | — | — | 1 | — | — | — | — | — | — |
| Etnun §. 38 | 1 | ? | 10 | 12 | — | 1 | — | — | — | — | — | — |

| Ortschaft | Zahl der Hofstellen | Morgen Acker | Roggen | Hafer | Gerste | Schafe | Schweine | Rinder | Rindsfelle | Tuche | Honig | Denare |
|---|---|---|---|---|---|---|---|---|---|---|---|---|
| **Kreis Bentheim.** | | | | | | | | | | | | |
| Esche §. 17 | 4 | ? | 60 | 24 | — | 4 | — | — | — | — | — | — |
| **Kreis Lingen (Venkigau).** | | | | | | | | | | | | |
| Andervenne §. 26 | 7 | ? | 66 | — | 16 | 13 | — | — | — | 6 | 8½ | — |
| Laccum §. 27 | 1 | ? | 20 | — | 10 | 1 | — | — | — | — | — | — |
| Hange §. 26 | 1 | ? | — | — | — | — | — | — | — | — | 3 | — |
| Lengerich §. 28 | 1 | ? | 10 | — | 10 | 2 | — | — | — | 1 | 2 | — |
| Messingen §§. 25, 27 | 3 | ? | 8 | — | 8 | 4 | — | — | — | 1 | 12⁴/₂ | — |
| Ostwie §. 27 | 1 | ? | 8 | — | 8 | 2 | — | — | — | 1 | 1½ | — |
| Plantlünne §. 25 | 1 | ? | — | — | — | 1 | — | — | — | 1 | — | — |
| Subberwehn §. 28 | 1 | ? | 6 | — | 6 | 1 | — | — | — | — | — | — |
| Suttrup §§ 27, 37 | 6 | ? | 55 | 24 | 31 | 9 | — | — | — | 3 | 4½ | — |
| Thuine §. 27 | 1 | ? | 12 | — | 6 | 1 | — | — | — | — | — | — |
| Venslage §. 27 | 3 | ? | 34 | — | 37 | 4 | — | — | — | 2½ | 2½ | — |
| Wilsten §. 27 | 1 | ? | 6 | — | 6 | 1 | — | — | — | — | — | — |
| | 27 | ? | 225 | 24 | 188 | 39 | — | — | — | 15½ | 34½ | — |
| **Kreis Tecklenburg.** | | | | | | | | | | | | |
| Staden §. 24 | 2 | ? | 6 | — | 6 | — | — | — | — | 2 | — | — |
| Westercapp. §. 38 | 1 | ? | 2 | — | 18 | 1 | — | — | — | — | — | — |
| Werfen §. 38 | 1 | ? | ? | — | 10 | 1 | — | — | — | — | — | — |
| | 4 | ? | 8+? | — | 24 | 2 | — | — | — | 2 | — | — |
| **Kreis Versenbrück (Varngau).** | | | | | | | | | | | | |
| Berghausen §. 38 | 1 | ? | 7 | 32 | — | 1 | — | — | — | — | — | — |
| Herbergen §. 31 | 1 | ? | 8 | 8 | — | 1 | — | — | — | 1 | — | — |
| Hinnenkamp §. 37 | 1 | ? | 4 | 16 | — | — | — | — | — | — | — | — |
| Schwagdorf §. 12 | 2 | 40 | 20 | 10 | — | 2 | — | 2 | — | — | — | — |
| " §. 26 | 2 | ? | 22 | — | — | 3 | — | — | — | 2 | — | — |
| Westrup? §. 37 | 1 | ? | 6 | 6 | — | 1 | — | — | — | — | — | — |
| | 7 | ? | 63 | 56 | — | 8 | — | — | — | 2 | 3 | — [¹] |
| **Kreis Cloppenburg (Hasegau und Lerigau).** | | | | | | | | | | | | |
| Ahausen §. 31 | 1 | ? | 8 | 8 | — | 2 | — | — | — | 2 | — | — |
| Drantum §. 32 | 1 | ? | 8 | 8 | — | 1 | — | — | — | — | — | — |
| Emsteck §. 31 | 6 | ? | 28 | 28 | — | 6 | — | — | — | 10 | — | — |
| Halen §. 32 | 1 | ? | — | — | — | 1 | — | — | — | 3 | — | — |
| Hemmelte §. 31 | 1 | ? | 18 | — | — | 1 | — | — | — | 1 | — | — |
| Sebelden §. 31 | 2 | ? | 16 | 16 | — | 2 | — | — | — | 2 | — | — |
| | 12 | ? | 74? | 56? | — | 13 | — | — | — | 18 | — | — |
| **Kreis Wildeshausen (Lerigau).** | | | | | | | | | | | | |
| Barglay §. 30 | 1 | ? | 6 | 6 | — | 1 | — | — | — | 1 | — | — |
| Düngstrup §. 30 | 1 | ? | 8 | 8 | — | 1 | — | — | — | — | — | — |
| Kneten §§. 29, 30 | 5 | ? | 20 | 22 | — | 5 | — | — | — | 10 | — | — |
| Sage §. 29 | 1 | ? | — | — | — | 1 | — | — | — | — | — | — |
| Spasche §. 30 | 1 | ? | — | 14 | — | 1 | — | — | — | 1 | — | — |
| | 9 | ? | 34 | 50 | — | 9 | — | — | 12 | — | — | — |

[¹] 24 carradas Holz.

| Ortschaft | Zahl der Hofstellen | Morgen Acker | Roggen | Hafer | Gerste | Schafe | Schweine | Rinder | Rindsfelle | Tuche | Honig | Denare |
|---|---|---|---|---|---|---|---|---|---|---|---|---|
| **Kreis Vechta (Lerigau).** | | | | | | | | | | | | |
| Astrup §. 37 | 2 | ? | 20 | — | — | 2 | — | — | — | — | — | — |
| Bakum §. 36 | 1 | ? | — | 8 | — | 1 | — | — | — | 1 | — | — |
| Borrechtern §. 35 | 2 | ? | — | — | — | 2 | — | — | — | 3 | — | — |
| Bunne §. 36 | 1 | ? | 12 | — | — | 1 | — | — | — | — | — | — |
| Einen §. 35 | 1 | ? | — | — | — | 1 | — | — | — | 1 | — | — |
| Emelage §. 36 | 5 | ? | 30 | 22 | — | 5 | — | — | — | 4 | — | — |
| Feine §. 37 | 2 | ? | ? | 30? | — | 2 | — | — | — | — | — | — |
| Grapperhausen §. 37 | 3 | ? | 15 | 6 | — | 3 | — | — | — | — | — | — |
| Hagstedt §. 32 | 3 | ? | ? | ? | — | 3 | — | — | — | 3 | — | — |
| Hausstätte §. 36 | 1 | ? | 8 | — | — | 1 | — | — | — | 1 | — | — |
| Hogenbägen §.32 | 4 | ? | 12? | 12? | — | 3 | — | — | — | 3 | — | — |
| Holthausen §. 31 | 1 | ? | 10 | ? | — | 1 | — | — | — | 1 | — | — |
| Iserloy §. 30 | 1 | ? | 14 | — | — | 1 | — | — | — | — | — | — |
| Lohr §. 34 | 4 | ? | 39? | 80? | — | 4 | — | — | — | 4 | — | — |
| Lüsche §. 36 | 2 | ? | 20 | — | — | 2 | — | — | — | 2 | — | — |
| Märschendorf §.31 | 3 | ? | 21 | 21 | — | 3 | — | — | — | 3 | — | — |
| Norddöllen §§.30, 35 | 3 | ? | — | 40 | — | 3 | — | — | — | — | 1 | — |
| Oldorf §. 37 | 1 | ? | 10 | — | — | — | — | — | — | — | — | — |
| Ostböllen §. 30 | 1 | ? | — | — | — | 1 | — | — | — | 1 | — | — |
| Osythe §§. 30, 35 | 5 | ? | 12 | 22 | — | 5 | — | — | — | 7 | — | — |
| Siedenbägen §.30 | 1 | ? | 10 | — | — | 1 | — | — | — | 1 | — | — |
| Visbeck §§. 29, 35 | 20 | ? | 89 | 103 | — | 19 | — | — | — | 14 | — | — |
| | 67 | ? | 312+? | 354+? | — | 64 | — | — | — | 49 | 1 | — |
| **Kreis Diepholz (Lerigau).** | | | | | | | | | | | | |
| Aldolf §. 34 | 1 | ? | 10 | — | — | 1 | — | — | — | 1 | — | — |
| Barnstorf §. 33 | 9 | ? | 59 | 80 | — | 9 | — | — | — | 9 | — | — |
| Dickel §. 34 | 1 | ? | 6 | 6 | — | 1 | — | — | — | 1 | — | — |
| Drebber §. 34 | 1 | ? | — | — | — | 1 | — | — | — | 1 | — | — |
| Dreeke §. 34 | 1 | ? | 8 | 8 | — | 1 | — | — | — | — | — | — |
| Düste §. 34 | 1 | ? | 12 | — | — | 2 | — | — | — | — | — | — |
| Gothel §. 34 | 2 | ? | 20 | — | — | 2 | — | — | — | — | — | — |
| Rechtern §. 34 | 1 | ? | 9 | 12 | — | 1 | — | — | — | 1 | — | — |
| Rheden §. 34 | 1 | ? | — | — | — | 1 | — | — | — | 3 | — | — |
| Walsen §. 34 | 1 | ? | — | — | — | 1 | — | — | — | 2 | — | — |
| | 19 | ? | 124 | 106 | — | 20 | — | — | — | 18 | — | — |
| **Kreis Syke.** | | | | | | | | | | | | |
| Müssen §. 35 | 2 | ? | — | 27 | — | 2 | — | — | — | 4 | — | — |
| **Kreis Melle.** | | | | | | | | | | | | |
| Meesdorf §. 38 | 8 | ? | 58 | 132 | — | 8 | — | — | — | — | — | — |
| Burgundun §.24 | 4 | ? | 37 | — | 18 | 3 | — | $1^1/_2$ | — | $1^1/_2$ | — | — |
| Fornun §. 28 | 3 | ? | — | — | — | 6 | — | — | — | 13 | 15 | — |
| Hur . . . §.37 | 1 | ? | 12 | — | — | 1 | — | — | — | — | — | — |
| Enun §. 38 | 1 | ? | 10 | 12 | — | 1 | — | — | — | — | — | — |

Sonder-Abdruck aus Band IX. der Mittheilungen des historischen Vereins zu Osnabrück.

# Vita.

Ich Friedrich, Paul, Adolf, Rudolf Martiny bin am 12. August 1870 zu Bad Liebenstein in Thüringen geboren. Meinen Vater, den Sanitätsrath Dr. med. Adolf Martiny, verlor ich früh. Seit dessen Tode lebte meine Mutter, Agnes, geb. Steinkopff, in Frankfurt a. d. Oder, wo sie am 7. Sept. 1895 verstorben ist. Ich bekenne die evangelische Konfession. Nach dem Besuch der Gymnasien Frankfurt a. d. Oder, Osterburg i. Altmark und Helmstedt bezog ich zu Oktober 1890 die Universität Halle. Nach einem dortigen Studium von drei Semestern begab ich mich auf ein Semester nach Tübingen und auf zwei Semester nach Berlin. Darauf für zwei Semester nach Halle zurückgekehrt, kam ich zu Michaelis 1894 nach Marburg, um mich hier auf das Archivfach vorzubereiten.

Ich habe gehört die Vorlesungen der Herren Professoren und Docenten: Dr. Dr. Brode, Brunner, Burdach, Konrad, Droysen, Ebbinghaus, Erdmann, Hahn, v. Heinemann, Hirschfeld, Huber, Kehr, Kirchhoff, Archivrath Könnecke, v. Kugler, Lenz, Leonhard, Lindner, E. Meyer, v. d. Martitz, Naudé, Neumann, Rathgen, v. Richthofen, Frhr. v. d. Ropp, Scheffer-Boichorst, E. Schmidt, Schmoller, Schröder, Sievers, Strauch, v. Treitschke, Vaihinger, Weinhold.

Zu Seminaren und Uebungen ließen mich zu die Herren Professoren: Droysen, Kehr, Kirchhoff, Archivrath Könnecke, v. Kugler, Lindner, E. Meyer, Naudé, Scheffer-Boichorst.

Allen diesen Herren spreche ich für ihre Verdienste um mein Studium den besten Dank aus.

Das Examen rigorosum bestand ich am 20. Mai 1895.